ESSAI

SUR

L'ART DE LA PAROLE.

DE

L'ACTION, DES ACCENTS ET DE L'ACCENTUATION.

PAR

M. V. M. FOURCADE,

professeur de l'art oral, d'émission de voix, de déclamation lyrique
et de langue romane.

TOURNAI

TYPOGRAPHIE DE J. CASTERMAN ET FILS,

LIBRAIRES-ÉDITEURS.

—1856—

1 fr. 50.

ESSAI

SUR

L'ART DE LA PAROLE.

DE

L'ACTION, DES ACCENTS ET DE L'ACCENTUATION.

PAR

M. V. M. FOURCADE,

professeur de l'art oral, d'émission de voix, de déclamation lyrique
et de langue romane.

—————

TOURNAI

TYPOGRAPHIE DE J. CASTERMAN ET FILS,

LIBRAIRES-ÉDITEURS.

—1856—

PROPRIÉTÉ.

AVERTISSEMENT INDISPENSABLE.

Il y a des gens , qui, sans effort, sans étude , sans même savoir comment et pourquoi il en est ainsi , retiennent facilement tous les airs qu'ils entendent , et chantent avec une grande justesse, voire même assez agréablement ; mais ces gens-là , malgré leur aptitude , seraient impuissants à apprendre la musique en lisant un solfége , s'ils n'avaient quelqu'un pour leur faire entendre les sons dont les notes écrites indiquent le rapport.

De même , il y a des personnes qui parlent naturellement bien sans s'en rendre compte, mais qui ne pourraient jamais apprendre les règles de l'art oral dans un livre , si des sons ne parlaient à leur ouïe en même temps que le livre parle à leur vue.

Pour tout dire en un mot, comme l'on ne peut juger un tableau avec le sens de l'ouïe , on ne peut non plus juger des sons avec le sens de la vue : il faut les entendre.

Aussi , je n'aurais jamais eu l'idée de rien écrire sur l'art de la parole , sentant bien mon impuissance à me faire comprendre par le langage écrit ; mais je ne puis résister aux instances des neuf maisons d'éducation de la Belgique et du nord de la France, dans lesquelles j'ai donné des leçons de mon art pendant l'année qui vient de s'écouler. Ces maisons me demandant un résumé qui leur rappelle les *faits* que j'ai constatés , et les *principes* qui en découlent et que j'ai développés, je fais, à leur sollicitation, cet essai sur l'art de la parole. Je commence par faire paraître la neuvième et la dixième leçon de mon cours, parce qu'elles en résument tout l'objet , ce qui précède et ce qui suit n'en étant que la préparation ou l'application. En faisant, aux leçons qui ont précédé , quelques emprunts que je compile dans la neuvième leçon , et au moyen d'un appendice emprunté exclusivement à la 2ᵉ , je mettrai les personnes qui ont suivi quelques-unes de mes leçons orales à même de comprendre mon langage, et de se rappeler facilement ce que j'ai démontré. Quant aux personnes qui , ne m'ayant pas entendu professer , voudraient cependant mettre à profit ce petit essai, un cours de dix leçons orales leur suffirait pour comprendre ma brochure et pour en pouvoir faire l'application.

Je ne saurais trop le répéter , cet ouvrage n'est fait que pour les personnes qui ont suivi ou suivront mes leçons ; celles-là

seules peuvent me comprendre entièrement ; quant aux autres ,
elles trouveront des obscurités qui ne peuvent s'éclaircir sans le
secours de l'explication orale , sans le secours d'exemples, que
les sons seuls peuvent rendre sensibles. Cependant les esprits
abstraits et studieux qui me liront attentivement sauront bien
pénétrer mon idée, et voir la marche que j'ai suivie pour atteindre
le but que je poursuis. Ce but, ils pourront l'atteindre à leur tour,
s'ils ont le courage d'entreprendre le travail auquel je me suis
livré.

Quoi qu'il en soit, mon livre, bien que très-abstrait, est fait pour
être lu , compris , appris , parlé et expliqué même par de jeunes
élèves à qui il peut être donné comme exercice de lecture dans le
genre didactique ; car , mon style est tout à fait celui du langage
parlé le plus ordinaire. Si j'ai été obligé de créer parfois des
expressions et d'employer beaucoup de figures, c'est que j'écris
sur un art dont la partie scientifique n'a pas été traitée , que je
sache, et j'aborde cette partie scientifique sans autres guides que
mes observations et mon expérience pratiques : J'ai peu appris
dans les livres , et je n'ai pas eu de professeur : mon livre,
c'est la nature ; et mes maîtres , l'attention , la réflexion et l'ex-
périmentation.

Afin que l'on comprenne bien ce que j'entends par *artiste oral*,
je ferai remarquer que le même orateur n'est pas également
supérieur dans tous les genres d'éloquence : il y en a où il excelle,
et d'autres où il est médiocre : cela vient sans doute des aptitudes,
mais cela tient aussi beaucoup à ce que l'action , qui, d'après
Démosthène et Quintilien est la partie principale de l'éloquence,
étant mal enseignée, on ne sait pas sortir facilement de la route
que l'on a l'habitude de suivre. Chacun ne sait manœuvrer que
sur son terrain. Or , *l'artiste oral* dont je parle dans mon livre ,
n'est pas autre chose que l'orateur considéré dans l'action ; mais
l'orateur , tel que je le conçois, c'est-à-dire assez artiste pour
savoir parler toujours et partout sans préparation comme avec
préparation, pourvu qu'il connaisse son sujet.

Quoique la marche que j'indique soit à peu près celle que j'ai
suivie pour apprendre ce que je sais dans mon art , je n'ai pas la
prétention de réaliser le *type* de l'artiste oral dont je décris les
études dans ce livre ; certes non, je sais bien que j'en serai toujours fort loin, mais pour être sûr de parler assez bien , il faut
viser à parler très-bien. Tel soldat qui désire devenir lieutenant,
mais qui n'aspire pas plus haut, ne deviendra pas même sergent;
tandis que celui qui veut devenir maréchal de France, deviendra
sûrement lieutenant et peut-être colonel , général qui sait.....

Et dans un ordre d'idées analogue, saint Alphonse de Liguori qui
était d'abord avocat, plus tard évêque et missionnaire, disait à ses
religieux : Si vous voulez être bons improvisateurs, exercez-vous

à écrire vos discours pendant longtemps, afin que vous ne soyez pas exposés à prendre le verbiage pour une improvisation.

Une fois l'art oral possédé comme je l'entends , chacun en fera l'application suivant les circonstances , suivant ses besoins, sa position sociale, mais toujours avec goût , car un *véritable artiste* n'en peut jamais manquer. Je l'ai déjà dit , je n'ai pas la prétention de tout savoir dans mon art , mais j'ai le désir d'apprendre le plus possible , aussi je recevrai avec reconnaissance les observations que chacun jugera à propos de m'adresser sur cet essai.

Afin d'en rendre l'application prompte , j'engagerai mes lecteurs, après m'avoir parcouru, à commencer l'étude approfondie par l'appendice , en se gardant bien de négliger les renvois indiqués ; ensuite , ils pourront mener de front la 10° leçon et la 9° à partir du n° 40, en recourant toujours aux paragraphes indiqués par les renvois.

Afin d'inspirer de la confiance aux personnes qui ne m'ont pas vu à l'œuvre, je reproduis après cet avertissement, quatre articles de journaux de France. J'y joins douze certificats qui m'ont été offerts par les neuf maisons d'éducation où j'ai professé à différentes époques de l'année passée.

Si je ne livre pas à la publicité les noms de ces établissements et de leurs respectables supérieurs, c'est par une réserve que mes lecteurs sauront apprécier ; mais je me ferai un plaisir de montrer les autographes à ceux qui le désireront.

Je prie les personnes qui auraient des demandes à me faire pour acheter des exemplaires de mon livre , pour leçons orales , et même pour séances récréatives, de vouloir bien adresser leur lettre à Tournai , chez MM. Casterman et Fils , imprimeurs-libraires-éditeurs , qui me les feront parvenir où je serai.

CERTIFICATS.

INSTITUTIONS DE DEMOISELLES.

*Dames du Sacré-Cœur. — Pensionnal de****

Monsieur, il est des éloges qui se donnent facilement ; ce sont les faux : ceux que le monde sème ; il en est d'autres, au contraire, que les expressions les plus belles ne peuvent rendre : ce sont les plus vrais, les plus dignement mérités. Ces derniers, M. Fourcade, sont ceux que je voudrais vous adresser pour vos talents distingués, pour la déclamation et pour corriger les défauts de langue ; mais mon impuissance ne me permettant pas de vous exprimer toute ma pensée, je compte sur votre indulgence et vous prie d'agréer en échange toute notre estime et toute notre gratitude pour le bien que votre art a fait dans notre établissement.

Pour la Supérieure,

Le 31 Octobre, 1855. MÈRE***.

*Dames de Saint-André. — Pensionnal de****

Monsieur Fourcade, professeur de l'art oral, a donné à nos dames un cours dont elles ont été on ne peut plus satisfaites. Nous ne craignons pas de dire que ses leçons seront d'une grande et incontestable utilité à toutes les personnes vouées à l'enseignement qui auront l'avantage de se les procurer. Entre autres profits à en retirer, il y a celui-ci, que Monsieur Fourcade enseigne les moyens de parler beaucoup sans se fatiguer la poitrine.

Pour la Supérieure,

Le 22 Septembre 1855. DAME***.

*Dames de Saint-André. — Même Pensionnat de****

Nous donnions depuis grand nombre d'années des soins tout particuliers aux exercices de diction et de déclamation : le cours de Monsieur Fourcade dans notre Pensionnat est venu jeter un nouveau jour sur cette partie si importante de l'éducation, et nous fournir de nombreux moyens de la cultiver d'une manière plus complète et plus sûre.

Monsieur Fourcade découvre le vrai et le reproduit avec une justesse remarquable ; les divers exercices par lesquels il fait passer ses élèves doivent nécessairement les conduire au même résultat.

Nous lui reconnaissons aussi un véritable talent pour constater les vices d'articulation et leurs causes, et y apporter le remède convenable.

De plus, Monsieur Fourcade juge sûrement quelle est la voix propre de chaque personne, et ses connaissances expérimentales lui fournissent de nombreuses ressources pour la développer et la diriger : enfin nous ne craignons pas d'assurer que les leçons de Monsieur Fourcade seront d'une grande utilité à tous ceux qui, ayant compris le plan de ce professeur, suivront sa méthode avec persévérance.

Dame*** Supérieure,

Le 11 Janvier 1856.

*Religieuses de Saint-Augustin. — Pensionnat de****

Monsieur Fourcade professeur de déclamation vient de donner une séance littéraire et plusieurs leçons de déclamation et de lecture aux élèves de notre établissement. Je me fais un devoir et en même temps un véritable plaisir, de mander que toutes ont été charmées du talent qu'il déploya dans ces différentes leçons. Les institutrices ont remarqué un progrès sensible dans leurs élèves, et ont su apprécier tout le mérite des conférences qui leur ont été données.

Le 26 Août 1855. SOEUR*** SUPÉRIEURE.

*Religieuses de Saint-Augustin. — Même Pensionnat de****

Monsieur Fourcade, après avoir donné à nos élèves une séance récréative de l'art oral et quelques leçons pratiques , les a préparées à jouer pour la distribution des prix deux pièces, dont l'exécution a reçu de pompeux éloges d'un auditoire nombreux et choisi. Ensuite, il a donné aux religieuses quatre conférences particulières sur les règles pratiques de l'art si difficile de la parole et du chant.

Le 9 Septembre 1855. SOEUR*** SUPÉRIEURE.

*Dames du Sacré-Cœur de Jésus. — Pensionnat de****

Je soussigné ai le plaisir d'attester que Monsieur Fourcade a donné une séance de déclamation de divers morceaux choisis aux demoiselles de notre Pensionnat et de plus des leçons particulières , qui ont produit les plus heureux résultats.

Les religieuses du Sacré-Cœur se joignent à leurs élèves pour offrir leur reconnaissance à cet artiste.

Le 10 Février 1855. DAME*** SUPÉRIEURE.

*Dames du Sacré-Cœur de Jésus. — Même Pensionnat de****

La Supérieure des religieuses du Sacré-Cœur de la ville de*** déclare que Monsieur Fourcade a donné aux demoiselles de leur Pensionnat , des leçons sur les principes de la bonne prononciation des lettres , des mots et sur tout ce qui constitue une lecture intelligible et agréable.

Leurs élèves en ont recueilli de grands avantages , et elles en offrent leur gratitude à ce modeste artiste.

Le 19 Février 1855. DAME*** SUPÉRIEURE.

*Dames Bernardines. — Pensionnat de****

Nous sommes très-satisfaites de la séance que M. Fourcade a donnée à nos élèves. Le choix des morceaux , la pureté de la diction , la noble simplicité du récit ne laissent rien à désirer. Nous avons également à nous féliciter de ses leçons de lecture : les observations qu'il a faites avec une délicatesse exquise sont les fruits d'une étude approfondie , et il les communique avec un talent remarquable. *Le 25 Juin , 1855.* DAME*** SUPÉRIEURE.

INSTITUTION DE JEUNES GENS.

*Pensionnat de Notre-Dame de****

Pendant un semestre entier M. Fourcade a bien voulu donner des leçons de son art dans notre Pensionnat. Je me fais un devoir d'attester que nos élèves , nos professeurs et moi-même , nous avons tous retiré beaucoup de profit de son enseignement. Les voix se sont merveilleusement améliorées, nous avons été initiés aux moyens de corriger les divers défauts d'accent et de prononciation ; il y a eu d'immenses progrès dans l'art si difficile de lire et de réciter ; enfin , ce qui mérite surtout une vive reconnaissance , M. Fourcade nous a appris à éviter la fatigue tout en parlant beaucoup comme l'exige l'enseignement secondaire.

Le 20 Août , 1855. LE PRINCIPAL***.

*Petit Séminaire de****

M Fourcade professeur d'éloquence parlée a donné au Séminaire de*** une séance de déclamation qui a vivement intéressé les élèves. Il a développé ensuite dans huit leçons consécutives les principaux principes de sa méthode sur l'art oral : ces leçons ne peuvent être qu'utiles à ceux qui veulent apprendre à bien dire.

Le 30 Octobre , 1855. LE PRÉSIDENT***.

*Collége de Jésuites. — Pensionnat de****

M. Fourcade a donné au Collége de***, une série de leçons sur l'art oral ;
pendant huit jours il a fait preuve d'une grande facilité d'élocution et de beaucoup de finesse d'observation. La déclamation surtout a paru d'un mérite achevé.
    Le 18 Novembre , 1855.   Le Préfet***.

*Grand séminaire de****

M. Fourcade a donné , au séminaire épiscopal de***, pendant le mois de
Juillet 1855 , une séance de déclamation et six exercices de débit oratoire. Il
me parait posséder sur tout ce qui concerne l'art de la parole , des principes
sûrs et vrais , qu'il sait exposer et développer avec un talent remarquable et
d'une manière très-utile , très-pratique , et très-attrayante.
    Le 25 Juillet , 1855.   Le Président.

EXTRAITS DES JOURNAUX.

L'Echo de la frontière, 26 mai 1855,

Nous avons assisté hier , au *Collége Notre-Dame* , à une intéressante séance
de déclamation dont M. Fourcade , artiste de mérite très-honorablement connu
dans le Hainaut et le département du Nord , a fait tous les frais. M. Fourcade
débite avec beaucoup de naturel et d'aisance ; il sait, sans le moindre effort,

    Passer du grave au doux , du plaisant au sévère.

Nous ne doutons pas que les jeunes gens ne fassent de rapides progrès sous un
tel maître, et nous souhaitons que les nombreux établissements du Hainaut auxquels M. Fourcade prête l'appui de son talent , lui permettent de donner dans
les pensions et colléges de notre département quelques séances , voire même des
cours suivis de déclamation comme il le fait en Belgique. Rien n'est plus difficile
que de débiter un discours avec un ton naturel et des gestes convenables ; on
peut en voir tous les jours la preuve. Bien lire est aussi un talent beaucoup plus
rare qu'on ne pense. Il est donc important pour la jeunesse d'acquérir ce qui peut
lui manquer sous ce rapport , et M. Fourcade est l'homme qu'il faut pour la
diriger avec succès dans cette étude.   A. Dinaux.

Le Courrier du Nord , 10 juin 1855,

M. Fourcade , professeur de déclamation , a donné , jeudi soir , une séance
aux élèves du collège de Valenciennes. Netteté de prononciation , intelligence
parfaite du débit , même dans les nuances les plus délicates du sentiment et des
situations , gestes vrais et sobres : telles sont les qualités qui recommandent ce
nouveau professeur. Ajoutons que M. Fourcade qui a l'art de varier ses séances
en excitant vivement l'intérêt de ses auditeurs , jette çà et là des aperçus très-
vrais sur l'art de lire , de déclamer et de mettre en action. — Une séance de M.
Fourcade est pour ceux qui l'entendent une excellente leçon. Urbain Feytaud.

L'Emancipateur , 13 juin 1855.

Pour quiconque a entendu bien parler , bien lire , bien raconter , c'est une
mortification très-grande que d'entendre parler avec une prononciation mauvaise,
débiter sur un ton de convention qui généralement fatigue , et d'être distrait par
des gestes qui ne sont justifiés par rien. Cette mortification on l'endure dans le
nord de la France plus que partout ailleurs peut-être , et le mal est tellement
général qu'on peut en parler sans blesser personne. Bien souvent nous nous
sommes pris à désirer une réforme dans la manière de dire , de prononcer et de
gesticuler. En théorie , cette réforme nous paraissait assez facile à opérer , mais
en pratique nous trouvions une difficulté bien grande. Il fallait un homme , un
professeur en un mot , qui pût au moins faire comprendre la différence qui existe
entre une même chose mal dite et bien dite. Cette semaine, nous avons vu et
entendu cet homme , et nous nous félicitons qu'il ait eu l'idée de venir faire une
apparition dans notre ville.

M. Fourcade, dans une petite séance à laquelle nous avons eu le bonheur d'assister hier, a fait ressortir toute la puissance de la parole, du geste et du jeu de la physionomie. Nous avions suivi il y a quelques années à Paris, le cours de littérature d'Andrieux et l'on sait avec quel talent il savait lire et réciter. Nous ne croyons pas pouvoir mieux faire l'éloge de M. Fourcade qu'en le remerciant de nous avoir rappelé, par sa manière, le spirituel littérateur. Deux fables de Lafontaine, *les animaux malades de la peste* et *le loup et le chien* que nous avions entendu réciter par Andrieux, entraient heureusement dans le programme des morceaux que récitait M. Fourcade. Nous avons donc pu faire le parallèle et nous dirons, sans flatterie, que le talent de M. Fourcade ne pâlit pas à côté du maître auquel nous l'avons comparé. Nous avons eu ici déjà bien des professeurs de déclamation qui ont trouvé moyen de se faire entendre et qui, de plus, ont trouvé moyen de faire prendre leur méthode, bien qu'elle fût en opposition directe avec le naturel et le bon goût. Nous félicitons M. Fourcade de ne pas se présenter comme professeur de déclamation. M. Fourcade parle bien, sans accent, quoiqu'il soit né gascon et qu'il ait passé la plus grande partie de sa vie aux bords de la Garonne. Il dit admirablement, parce qu'il sait comprendre : on l'écoute avec un véritable bonheur, parce qu'il est d'un naturel qui charme. Nous reviendrons plus amplement sur son compte, car nous espérons qu'on lui fera, dans les établissements de notre ville, le même accueil qu'on lui a fait jusqu'ici partout et que nous aurons, par conséquent, l'occasion de reparler de lui. Il nous pardonnera aujourd'hui de ne pas lui donner tous les éloges qu'il mérite et de le laisser pour parler d'un poète bien connu sans doute dans le monde littéraire, mais fort peu connu sinon tout à fait inconnu dans notre pays. Au reste, M. Fourcade n'aura à s'en prendre qu'à lui-même de notre délaissement momentané, il nous a fait tant de plaisir en nous récitant, d'abord en langue *Romane*, puis en nous traduisant le plus littéralement possible un délicieux morceau de poésie intitulé *la Charité*, que nous ne pouvons résister au désir de faire connaître un peu dès aujourd'hui le poète. Oh ! oui, le poète. Nous espérons bien plus tard pouvoir rendre cette connaissance plus complète. En attendant, donnons la traduction de ce morceau ; nos lecteurs y trouveront quelques mots forgés afin de suppléer à l'insuffisance de notre langue pour rendre certaines expressions.

Mais avant tout, il est bon de dire que le poète que nous allons citer se nomme Jasmin. C'est un barbier de la ville d'Agen. Comme le boulanger de Nîmes, il exerce toujours sa profession, et bien qu'il soit aujourd'hui chevalier de la Légion-d'Honneur, pensionné du gouvernement, bien que l'Académie française lui ait décerné un prix de six mille francs, il n'en continue pas moins à raser pour quinze centimes toutes les faces qui viennent se confier à son rasoir.

Le morceau qu'on va lire a été dit par l'auteur dans un concert au bénéfice des pauvres.

LA CHARITÉ.

Parce que l'on voit sur mer de grandes maisons trimeuses (1),
   Glisser sur l'eau morte ou sur le flot courroucé,
   Et dans un autre monde emporter l'homme hardi,
   Parce que l'on voit des gens voyager dans les airs,
   Des savants illustrer les siècles qui s'en vont,
  L'homme s'écrie toujours : bon Dieu que l'homme est grand !
   — Bon Dieu, qu'il est *petitot* au contraire ! Qu'il apprenne
   Que s'il a du génie, le génie n'est rien sans la bonté.
   Sans la bonté, ici pas de grandeur qui tienne ;
   Seul, l'homme compatissant quand il fait la charité,
     Qu'il se serre, qu'il s'*imperceptibilise*,
     Tout en ne faisant que ce qu'il doit,

(1) Trimeur. — Trimeuse, qui agit avec fatigue et avec un certain fracas. *Grandes maisons trimeuses* ne pourrait se traduire que faiblement par notre mot navires.

Il est grand , autant grand que le monde ,
Grand comme tout , grand comme le bon Dieu !
Et la bonté de Dieu ne luit ailée (2)
Qu'en faisant la charité.

Avec son *Soleillet* (3)
De la chaleurée (4)
De son haleinée (5)
A la terre aimée
L'hiver quand elle a froid.

Ou d'une ondée
De sa fontaine sacrée
L'été quand elle a soif.
— Que l'homme fasse ainsi ;
Il y a des peines cruelles

Qui se serrent partout *entremi* (6) deux parois.
Qu'il aille les déterrer dans les chambrots (7) étroits.
Et qu'au lieu de compter les astres , les étoiles ,
Ah ! qu'il compte ici-bas le nombre des pauvrets.
Ce n'est pas assez , pour tuer la misère ,
Qu'en passant , d'un air dolent ,
Il jette deux sous dans la carrière (8)
Au pauvre déguenillé qui bâille de faim :
Qu'il s'en aille l'hiver , quand il glace , quand il *grésille* .
Dans ces maisonnettes toutes combles de famille
Et s'il voit *la manœuvre* (9) au visage rêveur.
Dire à ses *petitots* qui versent la larme :
« Ah ! *pauvrots* que le temps est dur ! »
Oh ! que la charité , là , sans s'apercevoir ,
Tombe : mais sans bruit , sans sonner ,
Car il est amer de la recevoir
Autant qu'il est doux de la donner.

Le poète Jasmin se tournant ensuite vers les musiciens, leur adressa cette strophe :

Vous autres qui la donnez , vous êtes ses apôtres en ce moment
Aussi votre concert , messieurs , n'est que plus beau.
Et votre musique tantôt
Se va changer dans l'air en rosée de miel.
Chaque *pauvret* en aura sa goutte. Plus de martyre !
Ce que vous faites ici , bientôt partout se fera.
Sonnez ! sonnez ! messieurs , l'on peut *musiquer* , rire
Quand le fruit de ce rire empêche de pleurer.

Nous l'avons dit tout d'abord , nous ne donnons qu'une traduction mot pour mot de cette poésie ; mieux vaut pécher par la forme que de s'exposer à nuire à la pensée.

Nous reviendrons bientôt et sur le poète Jasmin et sur celui qui nous l'a fait connaître. M. Fourcade part cette nuit de Cambrai , après avoir donné une séance aux élèves du Petit-Séminaire ; nous espérons qu'il reviendra bientôt et que Cambrai , comme plusieurs autres villes , voudront profiter de ses leçons.

(2) Empénado. — (3) Petit soleil. — (4) Bouffée de chaleur. — (5) Souffle de l'haleine. — (6) Entre. — (7) Petites chambres *réduits*. — (8) Rue. — (9) La ménagère.
Louis CARION.

L'Emancipateur , *29 juin* 1855.

M. Fourcade , professeur de déclamation , dont nous avons parlé il y a une quinzaine est revenu passer quelques jours dans notre ville. Le grand séminaire et les principaux établissements d'éducation ont su apprécier le talent de l'habile professeur. Non-seulement il a donné des séances générales dans toutes les institutions de quelqu'importance , mais on lui a demandé des leçons. C'est là une amélioration dans l'éducation dont il faut féliciter les chefs d'établissements. La prononciation dans nos départements est tellement désagréable , et la manière de dire tellement vicieuse , qu'on ne saurait prendre trop de soin pour arriver à une réforme. — M. Fourcade est appelé à rendre de grands services sous ces deux rapports.
Louis CARION.

NEUVIÈME LEÇON.

DE L'ACTION.

INTRODUCTION.

Nous avons dit en commençant ce cours, que la parole com-Revue
rétrospective.prend deux parties bien distinctes : 1° La *conception* de la formule grammaticale, c'est-à-dire la *composition de la phrase* au moyen de laquelle la pensée doit être manifestée; 2° La *transmission mécanique* de cette pensée formulée.

Nous avons vu que la transmission mécanique de la pensée s'opère : 1° Par le moyen des *sons* vocaux, sous les intonations diverses dont ils sont susceptibles; 2° Par le moyen de l'*accentuation*, qui fait valoir les sons en leur donnant la vie; 3° Par le cortége des *gestes* et de la *physionomie*, qui viennent donner une âme à la manifestation de la pensée.

Nous avons vu ensuite que la *transmission mécanique* de la pensée, considérée en elle-même et dans ses rapports avec la pensée qui la suggère, constitue la *partie active de la parole*, désignée sous le nom *d'action* par les maîtres de l'éloquence.

Nous avons vu enfin, que, si dans la parole improvisée, l'action est toujours vraie, lorsque de mauvaises habitudes n'ont pas faussé la nature, il ne peut en être ainsi dans la parole apprise, à moins que l'art n'enseigne à mettre dans son action naturelle cette parole réfléchie, calculée, préparée et sue à l'avance.

Nous avons appelé *art oral*, l'art de simuler complètement, dans la mise en action de la parole apprise tout ce que suggère l'instinct dans l'action de la parole improvisée; mais comme pour simuler une chose il faut la bien connaître, l'art oral doit être dirigé par la *science orale*, laquelle consiste surtout dans la connaissance approfondie des éléments de l'action, tels que *la voix*, *l'ouïe*, etc., etc.; dans la connaissance des rapports respectifs de ces éléments et dans la connaissance des éléments de l'art oral, tels que *l'exactitude de la prononciation*, *la phraséologie*, etc., etc.

L'art oral étant très-peu cultivé, très-peu connu, j'ai dû, poursuivre une marche sûre dans son étude et dans son exposition, prendre pour terme de *comparaison*, un autre art bien connu et étudié à fond depuis longtemps, et chercher, entre cet art et l'art oral, des points de contact qui pussent me guider.

Dans la première leçon, j'ai fait voir l'analogie qu'il y a entre la *parole* et *une peinture*, en constatant cette différence, que la *parole*, qui est une chose naturelle, composée d'éléments que celui qui parle porte en lui, *est toujours une réalité*, tandis qu'*une peinture*, qui se compose d'éléments artificiels, est le résultat d'un art, et n'*est* que la *fiction d'une réalité*, une image. Cela posé et démontré, j'ai constaté le parallélisme qui existe entre la route à parcourir par l'*artiste peintre* pour arriver à faire un tableau, et la route qui doit conduire l'*artiste oral* à faire, avec la parole apprise une création reproduisant exactement tout ce qui est dû à la nature, dans l'action de la parole improvisée.

Les sept leçons qui ont suivi la première et précédé celle-ci, ont rendu saisissant, palpable, le parallélisme entre les deux arts que nous comparons ; aussi, dans cette leçon, consacrée à étudier l'*action* d'une manière détaillée et approfondie, et à rechercher les moyens de reproduire toute l'action de l'improvisation, nous allons examiner le *parallèle* indiqué dans la première leçon ; nous le suivrons en détail et minutieusement dans tout le parcours que doivent faire les deux artistes pour atteindre leur but.

Nous serons ainsi amené à constater, ce que nous avons dit dans la première leçon, que dans la parole improvisée la même formule grammaticale se transmettant avec une action différente et à divers degrés, suivant les circonstances de lieu, de temps, de caractère, etc., etc., il en sera de même dans la mise en action de la parole apprise, suivant le but de celui qui devra transmettre la formule de cette parole.

Nous étudierons alors les trois *degrés principaux* de mise en action, que nous avons appelés *diction déclamation* et *mise en action proprement dite* ; nous ferons voir comment ces trois degrés d'action seront employés par l'artiste oral dans l'étude de son art ; dans quels cas il les applique dans les *mise en action*, et comment ils se combinent en se prêtant un mutuel secours dans tous les moyens préparatoires qu'emploie l'artiste pour faire une création, c'est-à-dire *une mise en action* représentant la parole improvisée.

Afin de bien montrer la différence de mise en action, suivant le but proposé, nous terminerons cette leçon par un parallèle entre le professeur de littérature et le professeur de l'art oral, disant chacun le même morceau littéraire.

SOMMAIRE DE LA NEUVIÈME LEÇON.

1. Préambule. — 2. But du peintre et de l'artiste oral. — 3. Dénomination de l'objet à reproduire dans chacun des deux arts comparés. — 4. Choses à connaitre d'abord pour reproduire un objet quelconque. — 5. Distinction entre les éléments naturels et les éléments de l'art. — 6. Dénomination respective des éléments naturels et des éléments de l'art. — 7. Parallèle entre les éléments de l'original et les éléments de l'action. — 8. Enumération des éléments réels de l'original. — 9. Enumération des éléments apparents de l'original. — 10. Remarque sur les éléments apparents de l'original. — 11. Enumération des éléments de l'action. — 12. Marche naturelle des deux artistes dans la recherche des éléments naturels et des éléments de l'art. — 13. Etude par le peintre des rapports entre les éléments réels de l'original et ses éléments apparents. — 14. Connaissances extrinsèques à la peinture que doit posséder le peintre. — 15. Causes de facilité dans la recherche des éléments de la peinture. — 16. Des surfaces sur lesquelles on peint. — 17. Des couleurs chimiques. — 18. Des instruments de travail. — 19. L'œil et la main. — 20. L'intelligence, le jugement, la mémoire. — 21. Le sentiment et le goût. — 22. La science de la perspective. — 23. Tableau des éléments de la peinture. — 24. Marche de l'artiste oral dans la recherche des éléments de l'art oral. — 25. Connaissances extrinsèques que doit posséder l'artiste oral. — 26. De la richesse de la voix. — 27. De la puissance de la physionomie, de la puissance du geste — 28. De la musique parlée, de l'accentuation raisonnée, de la phraséologie grammaticale. — 29. De l'exactitude de la prononciation. —30. Observations sur le mécanisme vocal. — 31. De la science du mécanisme vocal. — 32. De la science du monde. — 33. Des précautions orales. — 34. Du sentiment, du goût. — 35. De l'attention. — 36. De la sensibilité de l'oreille. — 37. De la vue. — 38. De l'intelligence, du jugement, de la mémoire. — 39. Tableau synoptique des éléments de l'art oral. — 40. Notion des genres, des espèces et des catégories. — 41. Notion des types généraux de l'original. — 42. Notion des types généraux d'expression dans l'action.—43. Des formes générales et des tons généraux de l'original ; formes et tons principaux, formes et tons secondaires. — 44. Des inflexions générales de la parole ; inflexions principales, inflexions secondaires. —45. Exemples d'inflexions principales de la parole.—46. Exemples d'inflexions secondaires de la parole.—47. Inflexions de voix. — 48. Rapport de l'inflexion de voix à l'inflexion de la parole. — 49. Points de vue sous lesquels on doit considérer l'inflexion de voix dans la phrase. — 50. Inflexion tonique, inflexion finale, inflexion intermédiaire. — 51. Inflexion résolutive, inflexion appellative, inflexion rappellative. — 52. Remarques sur les inflexions de voix. — 53. Point de démarcation entre la science et l'art. — 54. Etudes simultanées de l'art et de la science. — 55. Homogénéisation de l'étude et de la culture des éléments de l'art. — 56. Aspects divers de l'original. — 57. Exemples d'aspects divers de l'original. — 58. Variété et degrés divers d'action. — 59. Exemple de degrés divers d'action. — 60. Causes des diversités d'aspect de l'original et des différents degrés d'expression dans l'action.—61. De l'accentuation instinctive. — 62. Division des accents. — 63. Accents indicatifs. — 64. Accents expressifs. — 65. Observation sur les accents. — 66. Degrés divers de dessin et de peinture suivant le but du peintre. — 67. Degrés divers de mise en action suivant le but de l'artiste oral. — 68. Exemples des principaux degrés de mise en action. — 69. Peinture et dessin dans leur acception générale. — 70. Mise en action dans son acception générale. — 71. Esquisse, dessin ombré, peinture proprement dite. — 72. Diction. — 73. Déclamation. — 74. Mise en action proprement dite. — 75. Distinction entre la diction ou la déclamation logiques, et la diction ou la déclamation grammaticales. — 76. Remarque sur la mise en action. — 77. Diction et déclamation logiques. — 78. Diction et

Parallèle entre la peinture et l'art oral.

Préambule.　　**1.** Dans le parallèle que nous faisons entre l'artiste peintre et l'artiste oral, nous indiquons et suivons *l'ordre logique* dans lequel leurs diverses études doivent être faites, *depuis les rudiments de l'art jusqu'à son application*; mais, il est bien entendu, que ce n'est que *comme méthode* que nous serons aussi rigoureux dans notre disposition théorique; car, dans la réalisation pratique de ces études partielles, non-seulement on pourra et l'on devra en mener plusieurs de front, mais il faudra même quelquefois intervertir leur ordre logique, du moins en partie, afin d'économiser le temps.

Suite du n° 1.

2. L'artiste peintre et l'artiste oral ont tous deux pour but *de reproduire la nature*. Le peintre, par *une peinture*, qui n'est que la *fiction d'une réalité*, qu'elle ne représente jamais qu'en *apparence*.

L'artiste oral, par *sa parole*, qui représente toujours *réellement une réalité*, tantôt réalité *absolue*, tantôt réalité *relative* capable de produire une illusion complète en simulant la réalité absolue.

La parole de l'artiste oral représente une *réalité absolue*, lorsqu'il récite son œuvre, ou celle d'un autre dont il s'approprie la pensée et les expressions. Sa parole ne représente qu'une *réalité relative*, lorsque, parlant pour autrui, il joue un personnage ; mais cette réalité relative s'approche d'autant plus de la réalité absolue, que l'artiste oral sait mieux montrer que les pensées et les sentiments du personnage qu'il JOUE, sont aussi les siens.

But du peintre et de l'artiste oral.

3. Nous nommerons *original*, l'objet que le peintre reproduit, toujours fictivement ; quant à l'objet de la reproduction réelle que se propose l'artiste oral, nous l'avons déjà nommé : c'est *l'action de la parole improvisée*.

Dénomination de l'objet à reproduire dans chacun des deux arts comparés.

4. Pour reproduire un objet quelconque, fictivement ou réellement, on doit d'abord connaître deux choses : 1° Les *éléments* qui composent cet objet. 2° Les *moyens* à l'aide desquels on fera la reproduction fictive ou réelle de cet objet.

Choses à connaître d'abord pour reproduire un objet quelconque.

5. Nous nommerons *éléments naturels*, les éléments *qui concourent à la composition de l'objet* à reproduire, soit comme matériaux, soit comme agents, soit comme éléments modificateurs de cet objet. Nous nommerons *éléments de l'art*, les moyens *reproducteurs :* matériaux, agents, éléments modificateurs.

Distinction entre les éléments naturels et les éléments de l'art.

6. Ayant donné le nom d'original à l'objet à reproduire par le peintre, et son art étant la peinture, nous aurons, d'un côté du parallèle :

1° Les *éléments de l'original* ou *éléments naturels pour le peintre*.
2° Les *éléments de la peinture*.
Et de l'autre côté du parallèle :
1° Les *éléments de l'action* ou *éléments naturels pour l'artiste oral*.
2° Les *éléments de l'art oral*.

Dénomination respective des éléments naturels et des éléments de l'art.

7. Les éléments naturels pour le *peintre* sont de deux sortes :
1° Les éléments *réels*,
2° Les éléments *apparents*,
(Voir (n° 8) l'énumération de ces éléments).
Les éléments naturels de *l'action* ne sont que d'une espèce, au point de vue de la réalité et de l'apparence ; ils *jouissent à la fois des deux propriétés*.
(Voir (n° 11) l'énumération des éléments de l'action).

Parallèle entre les éléments de l'original et les éléments de l'action.

8.   *Eléments réels de l'original :*

1. La constitution moléculaire des différentes parties de l'original.
2. Sa forme réelle.
3. Sa couleur véritable.
4. Sa pose.

                               } Matériaux.

5. Les circonstances qui modifient accidentellement l'original.

      Et s'il est du règne animal.

6. Son éducation.
7. Son tempérament.
8. Son caractère.
9. Ses sentiments.
10. Ses passions.
11. Ses diverses sensations.
12. Son intelligence réelle.

                    } réels.   } Eléments modificateurs.

                                         Agent.

9.   *Eléments apparents de l'original :*

1. Les lignes apparentes, telles que les montre la perspective.
2. Le modelé des surfaces, tel que les font paraître les effets de lumière.
3. Les couleurs apparentes modifiées plus ou moins par la lumière.
4. Les circonstances qui modifient l'apparence de l'original.

      Et s'il est du règne animal.

5. Son intelligence.
6. Son éducation.
7. Son tempérament.
8. Son caractère.
9. Ses sentiments.
10. Ses passions.
11. Ses sensations.

                             } Apparents.

10. Tous les éléments apparents de l'original n'étant autre chose que les éléments réels modifiés par des causes extrinsèques, ne renferment ni des agents, ni des éléments modificateurs, et doivent tous être considérés comme matériaux apparents.

11.   *Eléments de l'action.*

1. La voix.
2. La physionomie.
3. Le geste.

                     } Matériaux.

4. La mélodie naturelle.
5. L'accentuation instinctive.
6. Le phraser naturel.
7. L'éducation.
8. Le tempérament.
9. Le caractère.
10. Les sentiments.
11. Le goût.
12. Les sensations.

                               } Eléments modificateurs.

13. Les passions.
14. La position sociale.
15. L'âge.
16. Les habitudes.
17. Le temps.
18. Le lieu.
19. L'auditoire.
20. Les circonstances fortuites.

} Eléments modificateurs.

21. L'attention.
22. L'ouïe.
23. La vue.
24. L'intelligence.
25. Le jugement.
26. La mémoire.

} Agents.

12. Par l'observation et avec un peu de réflexion, les deux artistes comparés auront bientôt découvert les *éléments naturels* de l'objet à reproduire, tels que nous les avons indiqués dans les énumérations précédentes, et ils seront conduits aux classifications que nous avons faites. Le difficile pour eux, c'est de trouver les *éléments reproducteurs* par la combinaison desquels ils simuleront la nature, chacun à sa manière.

Il est bien entendu, que nous supposons toujours que nos deux artistes ne sont dirigés par personne, qu'ils ne sont guidés que par l'observation, la mémoire, la logique de leurs raisonnements, et par les connaissances extrinsèques indispensables à la possession complète de l'art dont ils embrassent le culte.

Suivons-les donc pas à pas dans leur exploration sur le terrain des découvertes, et commençons par le peintre :

13. Afin d'être bien certain que ses sens ne le trompent pas, dans l'appréciation des éléments apparents de l'original qu'il doit reproduire, le peintre devra *se rendre compte des effets et des causes de ces éléments apparents*, par *l'étude approfondie des éléments réels*. Ici, se fera sentir pour lui la nécessité de connaissances extrinsèques à la peinture, mais qui s'y rattachent et qui y conduisent.

14. Ainsi, pour connaître à fond les matériaux réels de l'original, (voir n° 8, leur énumération), il devra posséder des notions de chimie; il devra savoir la géométrie, l'anatomie du corps humain, l'optique, la statique, connaître un peu d'histoire naturelle, un peu d'architecture, etc., etc. S'il veut étudier sûrement les autres éléments de l'original, (voir n° 8, leur énumération), il devra avoir fait des études de mœurs, de psychologie, de logique, etc., etc.

15. Les éléments réels et les éléments apparents de l'original étant bien connus en eux-mêmes et dans leurs rapports, il devient facile de trouver les éléments de la peinture. En effet :

16. Le peintre pourra choisir, à son gré, la plupart du temps, *les surfaces* sur lesquelles il devra reproduire son original, et ces surfaces constituent l'un des matériaux de la peinture.

17. A l'aide de ses connaissances chimiques , il trouvera sans peine *les couleurs* qui constitueront une peinture , et qui sont par conséquent un des matériaux de la peinture.

18. Les *instruments de travail* , qui sont l'un des agents de la peinture, viendront se placer sous sa main sans difficulté.

19. *Son œil* et *sa main* devront être naturellement considérés comme les principaux agents de son art.

20. La bonne disposition de tous les éléments qui précèdent , nécessitant *l'intelligence* , *le jugement* et la *mémoire* , ces trois propriétés DU MOI trouveront place parmi les agents de la peinture.

21. Même remarque sur le *sentiment* et sur le *goût* , sans lesquels il n'y a pas d'art véritable , et qui devront être rangés parmi les éléments modificateurs.

22. Enfin , le principal élément modificateur de la peinture sera *la science de la perspective* qui n'est autre chose que la connaissance des lois géométriques , suivant lesquelles la forme de l'original passe de la réalité à l'apparence , science que le peintre aura acquise , en étudiant le rapport qu'il y a entre les éléments réels de l'original et ses éléments apparents.

23.   *Éléments de la peinture :*

1. Les surfaces sur lesquelles se fait la reproduction.   } Matériaux.
  2. Les couleurs chimiques.
  3. Le sentiment.
  4. Le goût.   } Éléments modificateurs.
  5. La science de la perspective.
  6. Les instruments de travail.
  7. L'œil.
  8. La main.
  9. L'intelligence.   } Agents.
10. Le jugement.
11. La mémoire.

24. Faisons faire halte un moment à l'artiste peintre , et suivons la marche exploratrice de l'artiste oral. Celui-ci , pour trouver les éléments de son art , doit suivre la voie tracée par le peintre ; mais comme les éléments naturels de l'action sont à la fois réels et apparents , l'artiste oral , ayant une tâche de moins que son émule , marchera d'un pas plus rapide , et attaquera de front l'étude des éléments de l'action , pour en faire découler la connaissance exacte des éléments de l'art oral.

25. L'exposé des études à faire sur les éléments de l'action , et l'exposé des corollaires à déduire de ces études, démontreront, à priori , que l'artiste oral doit, comme le peintre , posséder plusieurs *connaissances extrinsèques* à son art, mais qui s'y rattachent et qui y conduisent. Ainsi , il devra posséder la connaissance complète de l'acoustique , de la physiologie de l'ouïe , de la physiologie de la voix ; la connaissance de la langue qu'il parle , et avoir des notions sur quelques autres langues. L'artiste oral

Suite du n° 25.

devra encore posséder la connaissance approfondie de la grammaire , avoir des notions de littérature , de psychologie , de mathématiques , de dessin , d'hygiène, et quelques notions générales sur tout ce que l'on enseigne dans l'éducation. Puis il se mettra à l'œuvre.

26. En étudiant la nature et les ressources de la voix, (appendice , n°ˢ 1-2-3-4-5-6), l'artiste oral reconnaîtra facilement que, si la richesse de cette faculté sert beaucoup dans l'improvisation , la force des sentiments et des passions de celui qui improvise pourra, dans certains cas, suppléer à la flexibilité, à la puissance, à la gracieuseté de ses organes vocaux ; mais l'artiste reconnaîtra aussi, que celui qui récite ne pourra jamais s'identifier assez avec son sujet , pour imiter toute l'action de l'improvisation , sans la possession de toutes ces qualités des organes vocaux. *La richesse de la voix* (appendice, n° 37) lui apparaîtra donc comme le premier des matériaux de l'art oral, et il devra travailler à l'acquérir, si la nature ne l'en a doté.

De la richesse de la voix.

27. L'observation de la physionomie et du geste (appendice , n° 8-9-10-11-12) démontrera la grandeur du rôle que ces éléments de l'action jouent dans la parole improvisée , et leur puissance (appendice, n° 38) naturelle ou acquise , devra compter nécessairement parmi les éléments de l'art ; mais, comme ces éléments sont intrinsèques à l'artiste, il rangera la *puissance de la physionomie* et la *puissance du geste* parmi les matériaux de l'art oral.

De la puissance de la physionomie , de la puissance du geste.

28. L'étude de la mélodie naturelle , du phraser naturel et de l'accentuation instinctive (appendice , n°ˢ 13-14-15-16-17) fera remarquer à l'artiste les règles suivant lesquelles ces trois auxiliaires naturels de la voix , la complètent en la modifiant ; et l'art de classer ces règles et de les appliquer, constituera trois éléments de l'art oral, qui seront rangés parmi les éléments modificateurs : la *musique parlée*, la *phraséologie grammaticale*, l'*accentuation raisonnée* (appendice , n°ˢ 39-40-41).

De la musique parlée , de l'accentuation raisonnée , de la phraséologie grammaticale.

29. L'homme qui improvise sera d'autant plus clair et puissant , que les sons de ses paroles seront émis et articulés avec plus de netteté, et se rapprocheront davantage des règles conventionnelles de la langue qu'il parle ; mais, comme la connaissance des paroles de cette langue , et le mode d'émission et d'articulation de ces paroles, sont dus à l'éducation , nous n'avons pas considéré la prononciation comme un élément de l'action , tandis que l'*exactitude de la prononciation* (appendice , n° 42) trouve ici sa place, et sera considérée comme l'un des principaux éléments modificateurs de l'art oral.

De l'exactitude de la prononciation.

30. La production des sons vocaux (appendice , n°ˢ 1-2-3-4-5-6) étant le résultat d'un jeu particulier des organes respiratoires, il semble que le mécanisme vocal aurait dû être compté au nombre des éléments naturels de l'action ; mais, comme l'existence de la voix implique l'existence de ce mécanisme, nous aurions fait double emploi en considérant comme éléments différents de l'action , et la voix et le mécanisme vocal.

Observation sur le mécanisme vocal.

31. Dans l'art oral, au contraire, la richesse de la voix, l'exactitude de la prononciation, la vérité de l'accentuation, le juste emploi de la musique parlée étant indispensables, il sera nécessaire de posséder *la science du mécanisme vocal* (appendice, n° 43) pour pouvoir s'en servir convenablement, en modifier le jeu, et en augmenter les ressources ; c'est pourquoi l'on devra mettre au nombre des éléments modificateurs de l'art oral la *science du mécanisme vocal*.

32. En étudiant l'éducation, le tempérament, le caractère, le sentiment, le goût, les sensations, les passions, l'influence de la position sociale de l'âge et des habitudes, l'artiste acquerra une science générale, qui sera un véritable élément modificateur de l'art oral, et que nous désignerons, à cause de sa généralité, sous le nom de *la science du monde* (appendice, n° 44).

33. En rhétorique, on nomme *précautions oratoires* les considérations de temps, de lieu, d'auditoire, de circonstances diverses, qui doivent modifier la composition de la parole ; dans l'art oral, ces considérations devront, non-seulement modifier les intentions des paroles, mais influencer tout le jeu du mécanisme vocal de l'artiste, afin de lui laisser toutes ses ressources ; aussi *l'habileté particulière* que l'étude des influences du temps, du lieu, de l'auditoire, des circonstances fortuites donnera à l'artiste, devra être regardée comme un puissant élément modificateur de l'art oral ; nous le nommerons les *précautions orales* (appendice, n° 45).

34. Sans sentiment et sans goût, (appendice, n° 21-22-23-46-47), l'artiste oral, comme le peintre, ne saurait être un véritable artiste. Le *sentiment* et le *goût* seront donc encore des éléments modificateurs de l'art oral.

35. L'*attention* (appendice, n° 32-48) nécessaire pour tout travail, devra être très-grande pour bien étudier les éléments de l'action et pour disposer convenablement des éléments de l'art, nous la considérons donc comme le principal agent de l'art oral.

36. L'étude de l'ouïe (appendice, n° 33) montrera combien sa sensibilité influe sur la parole de celui qui improvise, et surtout sur celle de celui qui simule l'improvisation ; aussi, nous placerons au nombre des premiers agents de l'art oral la *sensibilité de l'oreille* (appendice, n° 49).

37. Bien qu'il n'ait pas besoin d'un grand perfectionnement dans le sens de la *vue*, (appendice, n° 34-50), l'artiste oral devra considérer ce sens comme un agent très-utile de l'art oral.

38. Sans intelligence, sans jugement et sans mémoire, (appendice, n° 35-36-51-52) toute étude sera mal faite ou deviendra infructueuse : l'artiste considèrera donc comme indispensables agents de l'art oral, l'intelligence, le jugement et la mémoire.

39.   *Les éléments de l'art oral.*

1. La richesse de la voix.
2. La puissance de la physionomie.   } Matériaux.
3. La puissance du geste.

4. La musique parlée.
5. L'accentuation raisonnée.
6. La phraséologie grammaticale.
7. L'exactitude de la prononciation.
8. La science du mécanisme vocal.
9. La science du monde.
10. Les précautions orales.
11. Le sentiment.
12. Le goût.
13. L'attention.
14. La sensibilité de l'oreille.
15. La vue.
16. L'intelligence.
17. Le jugement.
18. La mémoire.

Eléments modificateurs.

Agents.

40. En étudiant les éléments naturels de l'objet à reproduire pour en faire découler les éléments de l'art, en examinant suivant quelles lois ces éléments concourent à la formation de cet objet, les deux artistes comparés auront remarqué que certains *modes particuliers de disposition* sont communs à plusieurs objets, et ils auront ainsi acquis la notion et conservé la mémoire des *genres*, des *espèces* et des *catégories* d'objets à reproduire.

Notion des genres, des espèces et des catégories.

41. Ainsi, après avoir constaté souvent chez plusieurs originaux, la reproduction de certains *modes particuliers de disposition* dans l'ensemble des lignes, des surfaces et des couleurs, — le peintre aura acquis la notion exacte et conservé la mémoire de ce qui constitue le type général 1° de l'animal, du végétal, du bâtiment, etc., 2° de l'homme, du cheval, de l'arbre, etc., d'un nez, d'un œil, d'une bouche, etc., etc.

Notion des types généraux de l'original.

42. De même, en examinant attentivement comment se produit l'action de la parole improvisée, dans les diverses circonstances où elle a lieu, — l'artiste oral aura remarqué certains *modes particuliers de disposition* suivant lesquels la mélodie naturelle, le phraser naturel et les accents (appendice, nᵒˢ 13-14-15-16) se combinent simultanément et successivement pour modifier la voix, et, par suite, l'action de la parole.

Notion des types généraux d'expression de l'action.

L'artiste oral aura constaté en outre, que les mêmes *modes particuliers de disposition* se retrouvent dans l'expression des mêmes passions, des mêmes sentiments, des mêmes suites d'idées chez des individus différant de langage, de tempérament et d'éducation ; ainsi, par exemple, l'expression de la colère, de la bonté, du raisonnement, sans être identiquement pareille chez différents individus, tout comme chez le même individu dans différentes circonstances, aura toujours des points de ressemblance suffisants pour permettre à l'artiste oral de généraliser le type d'expression de la colère, de la bonté, du raisonnement, etc.

43. Les *modes particuliers de disposition* dans l'ensemble des lignes, des surfaces et des couleurs qui caractérisent pour le peintre le *type général* de tous les originaux du même genre,

Des formes générales et des tons généraux

de la même espèce et de la même catégorie , s'appelleront, pour l'ensemble des lignes et des surfaces, les *formes générales* des objets naturels ; pour l'ensemble des couleurs , ils s'appelleront *les tons de couleur généraux* ou simplement les tons généraux. Les formes générales et les tons généraux qui caractériseront le genre et l'espèce, s'appelleront formes principales et tons principaux ; les formes générales et les tons généraux qui caractériseront la catégorie, s'appelleront formes et tons secondaires.

44. Dans l'art oral , *les modes particuliers de disposition* qui caractérisent *le type général* que présente l'action, dans l'expression des passions , des sentiments, des sensations ou des suites particulières d'idées, se nommeront *inflexions générales* de la parole. Nous nommerons *inflexions principales* , celles qui caractérisent le genre , l'espèce , et quelquefois la catégorie ; et nous nommerons *inflexions secondaires*, les inflexions de détail qui concourent à la formation de l'inflexion principale, et qui ne caractérisent guère par elles-mêmes que le type général d'une suite particulière d'idées ; car , elles ne peignent les passions et les sentiments , que par ce qu'elles ont de commun avec l'inflexion principale dont elles font partie.

(Voir n°° 45 et 46 le tableau de quelques exemples d'inflexions principales et d'inflexions secondaires).

45. Inflexion de la colère.
— de la tristesse.
— de la crainte.
— de l'audace.
— etc., etc., etc.
} Passions.

Inflexion de la bonté.
— de la tendresse.
— de la compassion.
— du mépris.
— etc. , etc., etc.
} Sentiments.

Inflexion du commandement.
— de la demande.
— de la réprimande.
— de la narration.
— de la démonstration.
— etc., etc., etc.
} Suites particulières d'idées.

46. Inflexion interpellative.
— interrogative.
— affirmative.
— dubitative.
— imitative.
— indicative.
— etc., etc., etc.

47. Au point de vue de la phrase , nous nommerons *inflexion de voix*, toute inflexion quelconque de la parole générale ou particulière , mais nous ferons remarquer , que , si une inflexion générale de la parole, secondaire ou principale, peut quelquefois se produire sur un seul son comme dans quelques exclamations ,

par exemple , il faut , pour que cette inflexion de la parole puisse S. du n° 47.
être considérée comme générale qu'elle présente un sens com-
plet ; d'où nous conclurons , que toute inflexion générale de la
parole peut être nommée inflexion de voix , au point de vue de la
phrase ; mais , que toute inflexion de voix n'est pas une inflexion
générale.

Ainsi , dans cet exemple : « *J'irai vous voir à la campagne ,* »
la phrase entière donnera lieu à une inflexion secondaire de la
parole , l'inflexion affirmative , tandis qu'elle peut donner lieu à
trois inflexions de voix : *J'irai — vous voir — à la campagne.*

48. Pour trouver place dans notre parallèle , l'inflexion de
voix devra être considérée par rapport à l'inflexion générale ,
comme les petits détails anatomiques par rapport à la construction d'un animal , ou d'une de ses parties principales , comme ,
par exemple , les phalanges des doigts , ou les muscles de la
jambe.

Rapport de l'inflexion de voix à l'inflexion générale de la parole.

49. Dans la phrase grammaticale où elle se fait entendre ,
l'inflexion de voix devra être considérée sous deux points de vue
bien distincts. 1° Suivant la *place* qu'elle occupe dans la phrase ;
2° suivant *l'intention* qu'elle manifeste par rapport au sens de la
phrase.

Points de vue sous lesquels on doit considérer l'inflexion de voix dans la phrase.

50. Au point de vue de *la place* qu'elle occupe , l'inflexion de
voix prendra le nom , 1° *d'inflexion tonique* , lorsqu'elle sera
tout à fait au commencement , parce que , dans ce cas , elle
déterminera le ton musical dans lequel doit être dite toute la
phrase ; 2° *d'inflexion finale* , lorsqu'elle terminera la phrase ;
3° *d'inflexion intermédiaire* , lorsqu'elle ne sera ni à la fin ni au
commencement.

Inflexion tonique, inflexion finale , inflexion intermédiaire.

51. Au point de vue de *l'intention* qu'elle manifeste par rapport au sens de la phrase , l'inflexion de voix prendra aussi trois
noms différents : 1° *Inflexion résolutive.* 2° *Inflexion appellative.*
3° *Inflexion rappellative.*

L'inflexion de voix sera *résolutive* lorsque , par l'abaissement
du dernier son , elle terminera complètement le sens , comme par
exemple, dans la réponse affirmative à une question.

L'inflexion sera *appellative* , lorsque par une intonation finale
jetée en l'air ou appuyée fortement soit en conservant la même
intonation soit en baissant à demi, elle appellera l'attention sur le
complément qui suit , ou sur la fin de la phrase.

Nous nommerons *rappellative* , toute inflexion de voix , qui ,
par une intonation finale jetée en l'air et par une autre intonation
préparatoire plus haute encore que la finale , appellera non-seulement l'attention sur ce qui suit , mais encore rappellera ce qui
a été dit, ou une chose connue, on fera allusion à une chose sous-
entendue dans la phrase.

Inflexion résolutive , inflexion appellative, inflexion rappellative.

52. L'inflexion résolutive , l'inflexion appellative et l'inflexion
rappellative peuvent, suivant le cas , être *toniques , finales* ou
intermédiaires.

Toute inflexion de voix se termine en baissant un peu lors même
que l'intonation finale a été attaquée très haut : c'est la raison
physiologique qui le veut ainsi.

Remarques sur les inflexions de voix.

53. Nous avons dit, dans la revue rétrospective qui commence cette leçon, que l'art oral, comme l'art de la peinture et comme tous les autres arts, se compose de deux parties : 1° *la science* de l'art ; 2° l'art proprement dit ou *l'application* de la science.

Le point du parallèle ou nous sommes arrivés marque la limite de ces deux parties de l'art : ainsi la possession de connaissances extrinsèques nécessaires, l'étude des éléments naturels de l'objet à reproduire, la recherche des éléments de l'art par les deux artistes, la notion exacte et la mémoire des généralités de forme et de tons de couleur chez le peintre, d'inflexion de la parole chez l'artiste oral, constituent *la science* de chacun de ces artistes. Maintenant *l'art* proprement dit commence : Ils vont, dirigés par la science et appuyés sur elle, approfondir ceux des éléments de leur art qui leur sont extrinsèques, et cultiver ceux qu'ils portent en eux ; puis, ils s'exerceront à combiner ces éléments de façon à reproduire chacun à leur manière les modèles naturels qu'ils se proposent de simuler (82-83-84-85-86-87-88-89). Cela fait, le peintre saura créer *un tableau*, et l'artiste oral *une mise en action naturelle*, représentant, à s'y tromper, l'action de la parole improvisée. (fin de la revue rétrospective).

54. Nous remarquerons ici ce que nous avons déjà fait observer dans notre préambule (n° 1) qu'il n'aura pas été possible à nos deux artistes de faire toutes les études indiquées ci-dessus dans l'ordre logique suivant lequel nous les avons exposées ; ils n'auront pu, en effet, acquérir la science complète de leur art, sans pratiquer, c'est à dire, faire de l'art proprement dit. Ainsi, le peintre n'aura pu faire aucune étude scientifique relative à son art, sans exercer et développer son œil, son intelligence, son jugement, sa mémoire, son sentiment et son goût ; il n'aura pu se dispenser d'exercer sa main lorsqu'il aura essayé de reproduire l'apparence de certains objets pour les graver dans sa mémoire.

L'artiste oral aura également cultivé et développé certains éléments de son art, et cela mieux encore que le peintre, car ces *éléments* ne sont, pour la plupart, que *le perfectionnement et l'application intelligente des éléments de l'action* qu'il emploierait naturellement en improvisant.

55. Le travail qui restera à faire aux deux artistes avant d'apprendre à combiner les éléments de leur art pour reproduire leurs modèles, sera de reprendre à fond et dans l'ordre logique, l'étude et la culture de tous les éléments de leur art, afin d'homogénéiser cette étude et cette culture.

Dans les leçons qui ont précédé celle-ci, nous avons fait ce travail pour l'artiste oral : Ainsi, après avoir défini et étudié dans l'ordre logique les éléments naturels de l'action, nous avons aussi défini et étudié dans l'ordre logique, tous les éléments de l'art oral, à l'exception de *l'accentuation*, que nous n'avons que définie, lui réservant un chapitre spécial servant de complément à celui-ci.

Le peu que nous en avons dit d'ailleurs nous suffit, pour

montrer toute l'importance qu'elle a dans l'action , et pour tirer S. du n° 55.
toutes les conclusions contenues dans ce chapitre.

Toutes ces études faites , voyons maintenant comment devront s'y prendre nos artistes pour imiter leurs modèles.

56. En indiquant dans la 1ʳᵉ leçon le parallèle que nous parcourons ici , nous avons fait remarquer que les objets naturels présentent des *aspects divers* , suivant leur nature , suivant certaines circonstances particulières , et suivant le point de vue d'où le peintre les envisage.

Aspects divers de l'original.

57. Ainsi une barrète de bronze, par exemple , vue par le peintre à une distance convenable et sous un jour éclatant, lui présentera l'aspect d'un cylindre parfait de couleur précise , et dont les nuances seront modifiées d'une certaine façon par la lumière , et il devra , s'il veut la représenter complètement , faire *une peinture complète*; mais que cette même barrète soit vue par le peintre sous un jour nébuleux et à une grande distance, il ne l'a distinguera plus que comme une ligne noirâtre d'une dimension à peine appréciable , et il ne pourra la représenter telle qu'elle lui paraît que par *un trait noir* fait avec une plume ou un crayon. A une distance moyenne, il distinguera un côté plus clair que l'autre , mais il n'en distinguera pas la couleur, et il ne pourra imiter cette barrète que par un *dessin ombré* sans couleur précise.

Exemples d'aspects divers de l'original.

58. Nous avons fait remarquer aussi, dans la première leçon , que l'action de la parole improvisée présente des caractères différents et à divers degrés , suivant la nature de la pensée que manifeste la parole , suivant les circonstances de temps , de lieu , d'auditoire , etc. Suivant la qualité , le tempérament , la disposition , etc. , de celui qui parle.

Variété et degrés divers d'action.

59. Ainsi, l'action exprimée dans cette phrase, par exemple : « Comment allez-vous ? » Est toute différente suivant les personnes à qui cette question est adressée , et suivant les circonstances qui la déterminent. Si elle est adressée à quelqu'un qui nous est cher , et qu'un malheur subit vient de frapper , ces trois paroles exprimeront toute l'affection , toute l'anxiété de celui qui parle. Si cette question, « comment allez-vous? » est adressée à une simple connaissance pour qui l'on a seulement de la sympathie , et qui se trouve dans les conditions normales de la vie , on exprimera par cette formule le plaisir, l'amitié , mais d'une manière modérée , et avec une action qui sera bien loin de celle qui se trouve dans le premier cas. Si enfin cette question est adressée comme simple formule de politesse à quelqu'un d'indifférent , alors elle devient sèche , froide et son action est presque nulle.

Exemple de degrés divers d'action.

60. La diversité d'aspects que présentent les originaux chez le peintre , est due surtout aux distances et aux divers effets de lumière.

Les variétés et les degrés d'expression dans l'action , sont dus aux nombreuses modifications que produit sur la voix l'accentuation instinctive. (Appendice n° 15).

Causes des diversités d'aspect de l'original et des différents degrés d'expression de l'action.

De l'accentuation instinctive.

61. Comme nous l'avons déjà dit à la deuxième leçon, *l'accentuation instinctive* n'est autre chose, que le choix instinctif, le mode instinctif de disposition et l'éxécution spontanée des accents divers que donne la nature, et dont quelques-uns varient à l'infini, suivant les personnes qui les emploient et les cas où ils sont employés. (10ᵉ leçons, n° 1-2-3-4).

Division des accents.

62. Les *accents* se divisent en deux catégories; 1° les accents qui servent avant tout à montrer clairement la suite particulière d'idées contenues dans une phrase, et qui, modifiés par les accents de la deuxième catégorie, concourent avec eux à exprimer le mouvement de la pensée, les passions, les sentiments et les sensations. 2° Les accents spécialement réservés par la nature pour exprimer le mouvement de la pensée, les passions, les sentiments et les sensations. Nous avons nommé ceux de la première catégorie *accents indicatifs*, ceux de la 2ᵈᵒ *accents expressifs*.

Accents indicatifs.

63. Voici l'énumération de la plupart de leurs caractères :
1° La force d'articulation.
2° L'élévation et l'abaissement du son.
3° L'augmentation d'intensité et de durée du son.

Accents expressifs.

64. 1° Le rhythme.
2° L'accélération
3° Le ralentissement } du mouvement de la parole.
4° La modification du timbre.
5° Le martellement des sons.
6° Le vibratto de la voix, etc.

Observation sur les accents.

65. Dans la leçon suivante, consacrée à l'accentuation, nous redonnerons la définition des accents, et nous étudierons en détail la plupart d'entre eux, ainsi que le rôle qu'ils jouent dans l'action de la parole.

Degrés divers de dessin et de peinture suivant le but du peintre.

66. Nous avons dit (n° 57) que le peintre doit faire des peintures ou des dessins différents et à divers degrés de coloris, suivant la nature de ses originaux et les aspects qu'ils présentent; mais il arrivera aussi que, *suivant le but* qu'il se propose, le peintre se contentera quelquefois de tracer seulement la *silhouette* de son original et le contour apparent de ses principales parties, bien que cet original lui apparaisse dans les conditions qui lui permettraient une peinture complète.

D'autres fois, en outre de la silhouette, il voudra représenter *le modelé* de l'original, en indiquant les ombres et les clairs; d'autres fois enfin, donnant le fini du coloris, il fera une *peinture complète.*

Degrés divers de mise en action suivant le but de l'artiste oral.

67. De même, l'artiste oral, suivant le but qu'il se propose, n'exprime quelquefois que *la suite d'idées* explicitement renfermées dans la formule grammaticale qu'il transmet par l'action.

D'autres fois, en outre de la suite d'idées explicitement contenues dans la phrase il en montre les idées implicites, et *il indique*, sans les exprimer à fond, *les sentiments et les passions* qu'elle permet de peindre.

D'autres fois enfin , il donne sur cette même formule de larges coups de pinceau , et pousse *jusqu'à leurs dernières limites les passions et les sentiments* qui peuvent être exprimés par elle.

68. Ainsi , par exemple, un prêtre enseignant à un enfant les paroles du Symbole des Apôtres n'indiquera , par l'accentuation raisonnée, (10ᵉ leçon. 19-24), qu'il emploiera, que *la suite d'idées* contenues dans cette prière.

S'il récite le Symbole dans la prière en commun, il l'accentuera de façon à ajouter, à l'indication de la suite d'idées explicites, l'indication des idées implicites qu'il contient et *l'expression modérée des sentiments* de foi, d'espérance et d'amour que doivent faire naître de telles paroles; mais , s'il fait un sermon dont le Symbole soit le thème , alors son accentuation en disant le Symbole devra *peindre* une telle ardeur religieuse, un tel élan vers la Divinité , que l'aspect de sa conviction , de sa foi produise plus d'effet que toute l'argumentation que le Symbole pourrait lui fournir.

69. Nous donnerons le nom *général* de *peinture* ou de dessin, à la représentation de l'original tel qu'il apparaît au peintre, soit qu'il doive le représenter par un simple trait , soit qu'il ne doive en montrer que le modelé au moyen d'un dessin ombré , soit enfin qu'il doive en faire une peinture proprement dite.

70. De même, nous donnerons le nom *général* de *mise en action* à toute reproduction exacte de la parole improvisée , à quelque degré d'action que se trouve portée cette parole.

71. Mais , lorsque pouvant faire une peinture complète , le peintre ne fera qu'un dessin au trait, une silhouette , nous dirons qu'il fait une *esquisse* ; lorsqu'il se contentera d'ajouter à la silhouette la représentation du modelé au moyen des clairs et des ombres , nous dirons qu'il fait un *dessin ombré*; et nous nomme-rons *peinture proprement dite*, le dessin où le coloris sera complètement rendu.

Ainsi, tous les degrés divers de dessin s'approcheront plus ou moins de ces trois-ci : une *esquisse*, un *dessin ombré*, une *peinture*.

72. Dans l'art oral , nous nommerons *diction* la mise en action la plus simple , dans laquelle l'accentuation n'indiquera que la suite d'idées explicitement contenues dans la phrase , sans rien sous-entendre , sans indiquer le moindre sentiment, la moindre passion, en un mot , ce sera le dessin au trait , la silhouette, *l'esquisse.*

73. Nous nommerons *déclamation* , la mise en action, où , indépendamment de la suite d'idées explicites, l'accentuation mettra à jour tout ce que la phrase peut contenir de sous-enten-du, indiquera, sans trop les accuser, les sentiments et les passions que la phrase permet de peindre, et fera valoir la beauté du style. Ce sera un *dessin ombré.*

74. Nous nommerons *mise en action proprement dite*, celle où la suite d'idées explicites , les idées sous-entendues, les passions , les sentiments, la profondeur des pensées, tout, en un mot, sera mis, par l'accentuation, dans le rapport naturel qu'établirait l'artiste , s'il parlait d'abondance.

Ce sera une *peinture complète*, une vraie peinture à l'huile. Le talent , dans ce dernier cas, consiste à faire valoir le style sans avoir l'air d'y prendre garde , et tout en faisant oublier son auteur.

75. Nous avons démontré , dans la 1re leçon de ce cours en parlant de l'improvisation, que , parmi ceux qui ont la parole facile , il s'en trouve de deux sortes : — 1° ceux qui parlent logiquement, 2° ceux qui parlent grammaticalement , — et nous avons distingué l'improvisation que nous avons nommée logique, de celle que nous avons nommée grammaticale : de même nous avons à distinguer ici entre 2 dictions et 2 déclamations : 1° la diction et la déclamation qui sont naturelles , et que nous nommerons *logiques* ; 2° la diction et la déclamation qui sont dues à *l'habitude*, et que nous nommerons *grammaticales*.

76. Quant à la *mise en action* , elle n'admet qu'une manière d'être ; seulement, on s'en approche plus ou moins , comme le dessin à l'aquarelle, au pastel, à la sépia, aux trois crayons, s'approche plus ou moins d'une peinture à l'huile.

77. L'homme de sens, même peu érudit , qui parle naturellement , avec attention, ne voulant rien omettre, mais ne voulant dire que ce qu'il dit , parlant plutôt pour être compris que pour le plaisir de parler, ne se presse pas : il s'écoute ; au moyen d'inflexions *résolutives* (51) fortement accusées, il pose bien ce qu'il dit, afin de le graver dans l'esprit de l'auditeur, et pour s'en souvenir lui-même. Pour que l'auditeur n'oublie pas le point de départ et puisse le lier avec la conclusion , et afin que lui-même n'aille pas *à la dérive*, il reporte souvent l'attention en arrière par des inflexions de voix *rappelatives* (51) , qui , avec ce qu'elles ont toujours *d'appellatif*, montrent le rapport existant entre ce qu'il dit, ce qu'il a dit et ce qu'il va dire; il n'emploiera guère d'inflexion purement appellatives (51), qu'en approchant de la conclusion, qu'il appellera fortement, pour préparer l'inflexion de voix *résolutive finale* (50-51-52). En agissant ainsi , l'imagination, et le besoin de sa démonstration , ou les incidents de sa narration pourront lui fournir de belles et longues périodes , sans qu'il s'en aperçoive lui-même,tant il les aura dites par morceaux, afin d'en faire ressortir toutes les parties , et de bien exprimer tout ce qu'elles contiennent.

Cette manière de dire ou de déclamer suivant le cas est celle que nous appellerons *logique*, parce qu'elle est suggérée par le bon sens plutôt que par la science ou l'érudition.

78. Un assez grand nombre de personnes ont contracté une habitude de diction et de déclamation bien différentes de celles qui précèdent. Cette habitude consiste à parler plus vite que dans la diction ou la déclamation logique, à s'écouter moins, à penser

beaucoup plus à ce que l'on va dire qu'à ce que l'on dit, et surtout S. du n° 78.
qu'à ce que l'on a dit. Ces personnes respirent rarement, se
préoccupent beaucoup plus de la ponctuation que du sens particulier des paroles, et, par conséquent, ne s'arrêtent que lorsque
le sens est *grammaticalement* terminé; laissant tout en suspens,
elles ne donnent d'inflexion résolutive qu'à la fin de la phrase,
et cette inflexion même, manquant souvent de préparation,
manque aussi d'affirmation. Les inflexions rappellatives y sont
faibles et peu nombreuses, tandis que les inflexions *appellatives*
y sont trop employées, je dis trop employées, parce que, appelant
toujours l'attention sur la fin de la phrase, elles en font oublier le
commencement et le milieu.

Nous nommerons cette manière de dire et de déclamer *diction
grammaticale et déclamation grammaticale*, parce que les intonations en sont beaucoup plus réglées par les rapports grammaticaux
de la phrase, que par le sens des paroles et par le rapport logique
des idées. Une mémoire facile, une grande érudition et une
imagination ardente entraînent, si l'on n'y prend garde, à l'excès
de cette diction et de cette déclamation, qui, lorsqu'elles sont
maintenues dans certaines limites, deviennent très-naturelles, souvent même nécessaires, dans certains cas de l'improvisation et par
conséquent de la mise en action. Ceci sera rendu sensible
à la 10° leçon (36-42).

79. L'étude et l'enseignement des sciences abstraites, qui Diction ana-
lytique.
portent plutôt à la diction logique qu'à la diction grammaticale,
nécessitent même, dans certains cas difficiles, une diction
accidentelle et de détail, que nous appellerons *diction analytique*,
parce qu'elle sert à approfondir le sens d'une phrase, en analysant
chacune de ses paroles et permet d'indiquer le rapport de toutes
ses parties et des idées qu'elles contiennent.

Voici comme on procède :

On prononce séparément chaque parole, que l'on isole de la
phrase par une abstraction ; on la prononce avec une inflexion de
voix résolutive (54), afin de bien rechercher le sens absolu, et de
bien exprimer toute l'affirmation de cette parole. Si elle ne peut
avoir un sens abstrait par elle-même, on la groupe, au moyen
d'une inflexion appellative (51), avec la parole suivante, que l'on
prononce avec une inflexion résolutive. De cette manière, l'on
reconnaît et l'on grave dans son esprit toute l'affirmation abstraite
que peut contenir chaque parole de la phrase, ou chaque groupe
formant un sens. Après cela, au moyen de la diction grammaticale,
on cherche les rapports grammaticaux de ces paroles dans la
phrase, et en ajoutant, à une intelligente combinaison de la diction
analytique et de la diction grammaticale, ce qui caractérise plus
particulièrement la diction logique (77), c'est-à-dire quelques
inflexions rappellatives bien accusées, l'on trouve facilement la
diction naturelle qui doit exprimer le rapport des différentes
parties de la phrase dont on s'occupe et la liaison des idées qui y
sont contenues. Ainsi la démonstration facile des théorèmes les
plus abstraits et les plus difficiles sera une conséquence sûre de
cette analyse.

80. Une autre diction, en usage dans quelques offices religieux qui se disent en chœur, dans les lectures de réfectoires de quelques pensionnats, et dans la plupart des écoles primaires, c'est la diction au *recto-tono*, où la voix porte toujours sur la même intonation. Cette diction, détestable quand on en abuse comme on le fait, sans l'avoir jamais cultivée, n'est pas aussi anti-naturelle qu'on le croit généralement. On l'emploie souvent naturellement en racontant, lorsque la pensée a du mouvement, ou que l'on veut faire de l'imitation. Cette diction, ainsi que la diction analytique, sera d'un grand secours comme moyen préparatoire à une mise en action complète, voir plus loin (110-111-112-113-114-117).

81. Si l'on sème de quelques inflexions rappellatives, le mélange de la diction grammaticale, de la diction analytique et de la diction au recto-tono, on obtiendra une diction logique, dans laquelle la diction grammaticale et la diction au recto-tono domineront, si l'on raconte, —et où prévaudra la diction analytique, si l'on fait de la démonstration.

82. Afin d'être capable de composer un tableau, ce qui est son but (fin de la *revue rétrospective, et parallèle*, 2-53), le peintre s'exerce à reproduire beaucoup de modèles divers, pris sur nature et sur des copies ; car, il faut qu'il sache comment d'autres ont imité la nature, afin de suivre la route tracée par les maîtres, et d'éviter celles où les médiocrités se sont embourbées.

Pour travailler avec fruit, il devra faire de chaque modèle un *dessin au trait*, un *dessin ombré* et *une peinture*. En agissant ainsi, il approfondira son original, se rendra compte de tout, et acquerra de l'habileté.

83. Lorsque le peintre fera un dessin ombré, il devra commencer par tracer la silhouette, l'*esquisse* ; mais le trait de cette esquisse devant être noyé dans les teintes du dessin ombré, il sera beaucoup plus léger, et pourra être un peu moins précis que pour un dessin qui devrait rester au trait.

Pour faire une peinture proprement dite, il devra également tracer une esquisse, et même il devra placer *les principales ombres* ; mais le tout devra être assez léger pour que le pinceau puisse effacer la trace de ce travail préparatoire.

84. Quelquefois, lorsque le temps lui manquera, ou bien pour acquérir de la promptitude d'esprit et de coup d'œil, ainsi que de la légèreté et de la précision dans la main, le peintre fera une *pochade*, c'est-à-dire un dessin grosso-modo, représentant l'original plutôt dans son ensemble que dans ses détails, lesquels, n'ayant pu être étudiés, resteront dans le vague, dans l'indécis et manqueront de fini.

85. Afin d'être en mesure de pouvoir atteindre son but (fin de la *revue rétrospective, et parallèle*, 2-53), en faisant une mise en action complète, l'artiste oral devra meubler son esprit d'effets naturels de la parole et de bonnes imitations d'actions, tout en formant ses organes à reproduire facilement ce qu'il a entendu.

Pour cela, il devra écouter attentivement ceux qui causent,

qui improvisent ou qui récitent , et faire ses remarques. Il devra apprendre surtout à s'écouter lui-même en parlant , même lorsque la nature agira le plus puissamment sur lui , et à retenir ce qui lui paraîtra digne de remarque.

S. du n° 85.

86. Il cherchera à découvrir dans ses habitudes ce qui est mauvais, et travaillera à s'en débarrasser. Pour faire cette découverte, il devra se replier sur lui-même toutes les fois qu'il apercevra quelque chose de défectueux chez autrui , et examinera avec attention s'il n'est pas entaché du même défaut.

Correction des habitudes chez l'artiste oral.

Il devra encore chercher à s'approprier tout ce qu'il verra de bon chez les autres. En un mot, il se transformera , par de bonnes habitudes , de façon à se faire un nature artificielle irréprochable ; car il est très-facile de paraître au besoin moins bien qu'on ne l'est , et il est très-difficile de paraître mieux qu'on n'a l'habitude de l'être.

87. L'artiste oral s'exercera à imiter le plus exactement possible tout ce qu'il entendra de saillant dans un genre quelconque , en examinant les trois degrés principaux de mise en action qui pourraient être appliqués à chaque cas , moyennant telles ou telles modifications dans la pensée.

Exercices d'imitation par l'artiste oral.

88. Lorsqu'il cherchera à rétablir dans sa vérité une mise en action qui lui aura paru mauvaise, défectueuse ou incomplète chez un autre , il s'exercera d'abord à dire *simplement* le sujet de cette mise en action ; puis , il le *déclamera ;* enfin , il passera jusqu'à la *couleur* pour rendre la nature ; mais, dans ce dernier cas, il aura bien soin d'adoucir et de noyer toutes les intonations et les accents trop saillants de sa diction et de sa déclamation préparatoires , qui ne doivent laisser aucune trace trop apparente dans la mise en action finale, et ne s'y trouver le plus souvent qu'implicitement.

Rectification d'une mise en action défectueuse.

Cette mise en action sera une peinture dont le contour est marqué par la différence de ton avec celui des objets environnants, et non par le trait vigoureux de l'esquisse, comme les ombres sont marquées par les nuances de la couleur principale , et non par les noirs qui se trouveraient dans le dessin ombré.

89. Comme le peintre, l'artiste oral s'exercera aussi à faire des *pochades* , c'est-à-dire des *mises en action ex-abrupto ;* seulement, il s'écoutera , se rappellera et discutera après avec lui-même sur ce que l'inspiration lui aura suscité de bon , et sur les écarts qu'elle lui aura fait faire.

La pochade de l'artiste oral.

90. Maintenant nos deux artistes sont mûrs, ils peuvent produire , ils peuvent créer (fin du *préambule et parallèle* , 1-53).

Cas divers que peuvent présenter la création d'un tableau et d'une mise en action.

Dans la création d'un tableau par le peintre, c'est-à-dire, d'une peinture ou d'un dessin devant être conservé, et dans la création , par l'artiste oral, d'une mise en action faite en public, il se présentera cinq cas différents, que nous désignerons comme il suit : 1° *une composition,* 2° *une appropriation,* 3° *une identification ,* 4° *une abstraction partielle,* 5° *une abstraction complète.* — Nous allons successivement examiner ces cinq cas chez chacun des deux artistes ; sur le même exemple donné, et, commençant par le peintre nous supposerons, par exemple, qu'il veuille représenter le supplice de l'Homme-Dieu :

91. Connaissant le fait historique et se croyant assez de talent pour le représenter sans le secours de personne, il prendra dans l'histoire l'aspect du lieu où se passe l'action, les noms et qualités des personnages principaux qui en étaient témoins ou acteurs, les catégories de personnages secondaires qui participaient à cette action, ou qui en étaient simples spectateurs, enfin, les formes et les couleurs principales des costumes qui revêtaient tous ces personnages. Cela fait, il cherchera dans son génie les dispositions et les proportions à donner à tous ces matériaux historiques, et son tableau achevé présentera une peinture plus ou moins belle, sera une composition, plus ou moins bien conçue, mais dans tous les cas, une *vraie composition*.

92. Soit que le peintre doute de son génie compositeur, soit qu'il veuille éviter la peine de chercher dans son esprit ce qu'il croit trouver ailleurs, au lieu de composer entièrement son œuvre, il *pillera* le tableau d'un autre. Pour cela, il examinera, parmi les toiles que les maîtres de l'art ont léguées à la postérité, celles qui représentent la mort du Sauveur, et, s'il en trouve une dont l'action lui semble bien rendue, dont les dispositions et les proportions générales lui paraissent en harmonie avec cette action et avec ses idées à lui, il s'identifiera avec l'auteur de ce tableau et, se réglant d'après lui, il fera, non pas une imitation approximative, ce ne serait pas assez pour l'objet de son tableau ; non pas un calque, une copie servile, ce serait trop pour une œuvre créée par lui ; non, il conservera seulement les dispositions et les proportions générales du tableau *pillé*, et le nombre et les qualités respectives des personnages qu'il représente ; quant à leur expression, à leurs dispositions particulières, aux proportions de détail, il les modifiera selon sa manière de sentir ; il emploiera les couleurs qui lui conviendront le mieux, et donnera le coloris qui lui est propre ; en un mot, il s'identifiera assez avec l'auteur de son tableau inspirateur pour suivre la même route que lui, sans prendre la même allure et sans s'arrêter aux mêmes limites : son principal talent consistera à prendre toutes les beautés de son modèle, et à en dissimuler la source. Ce travail sera une *appropriation*.

93. Le peintre, ne se proposant pas, pour le moment, de faire une composition ou une appropriation, voudra reproduire le tableau d'un grand maître, un Christ de Rubens, par exemple ; mais il voudra, s'il est possible, le reproduire de façon que le modèle et la copie se confondent. Alors, il emploiera tout son génie à sonder la pensée de Rubens, et à l'exprimer tout entière, dans l'imitation scrupuleuse des dispositions, des proportions, des lignes, du modelé et du coloris. Son but, ici, c'est la pensée exacte de Rubens, avec laquelle il doit s'identifier assez pour l'atteindre et l'exprimer, sans jamais la dépasser. Ce sera une *identification* complète.

94. Le peintre, faisant abstraction de l'expression et du coloris qui caractérisent surtout le Christ de Rubens, c'est-à-dire, de l'action de ce tableau, et de la pensée qui l'a inspiré, se proposera seulement de conserver les dispositions, les proportions et la

forme de son original ; dans ce cas , il en tracera le contour rigoureux, et en indiquera le modelé avec du noir et du blanc, combinés
de façon à montrer toutes les nuances de clair et d'ombre nécessaires pour faire ressortir le relief des formes. Ce ne sera là qu'un
dessin de convention , car le modèle n'est pas ainsi , mais , par
l'abstraction que fait le peintre , il rendra plus saisissable la
beauté particulière de *la forme*, qui , noyée dans d'autres beautés,
ne brillait pas assez par elle-même. Seulement , il lui sera impossible de faire une abstraction assez complète , pour que son dessin
ne fasse pas un peu pressentir l'action réelle de l'original, et même
la pensée qui l'a inspiré, ce qui du reste ne sera pas un mal. Nous
nommerons ce dessin ombré une *abstraction relative partielle ;*
relative , parce qu'elle rappellera la source dont elle découle ; et
partielle , parce que l'on ne fait que quelques abstractions.

95. Enfin , il pourra arriver que le peintre , faisant toutes les
abstractions possibles , veuille que son tableau ne représente que
la pureté des lignes : alors , il se contentera de faire , du Christ de
Rubens précité , un dessin au trait aussi bien que possible , mais
qui ne pourra qu'indiquer la forme réelle , et un peu l'expression
de l'original , nous nommerons ce dernier tableau une *abstraction
relative complète.*

96. Venons maintenant à l'artiste oral , et supposant , par
exemple , que dans les cinq cas à examiner il se propose de
peindre l'existence d'un pauvre enfant de la Savoie , voyons
d'abord comment il s'y prendra pour faire *une composition.*

L'artiste oral voulant comme le peintre dans le 1er tableau (94) ,
faire une œuvre entièrement de sa composition , — commencera
par s'assurer qu'il sait parfaitement tout ce qui concerne son petit
Savoyard ; puis , — soit sous la forme démonstrative dans un
discours , soit dans une narration simple , soit au moyen d'une
élégie , où il se mettra en scène tour à tour avec les personnages
qu'elle fait agir et parler , — il deviendra auteur : il écrira la suite
de ses idées sur cet enfant des montagnes , et l'expression des
sentiments qu'il lui inspire. Ensuite, après un travail de détail que
nous indiquerons plus loin, il mettra en action son discours , ou
sa narration , ou son élégie , parlant comme s'il improvisait dans
les deux premiers cas , et dans l'élégie , faisant voir véritablement
ses personnages. Dans chacun de ces trois cas , la mise en action
sera , comme pour le 1er tableau du peintre , une *véritable composition* de l'artiste.

97. L'artiste oral , — n'ayant pas de facilité pour écrire , ou
pensant trouver mieux chez autrui que ce qu'il ferait lui-même ,
— cherchera , parmi les œuvres des auteurs en renom , une composition sur le petit Savoyard qui rende ses propres idées. Supposons qu'il trouve à sa convenance l'élégie de Guiraud, par exemple.
Alors, comme le peintre pour son 2e tableau (92), il cherchera à
s'approprier l'œuvre qui l'inspire , pour cela , il s'identifiera avec
la pensée du poète et avec ses personnages , puis il décidera s'il
conserve le texte intact , ou s'il doit y apporter des modifications,
y faire des suppressions ou des additions, car , comme il s'approprie l'œuvre d'un autre , il la prend en tout ou en partie , suivant

Suite du n° 94.

Une abstrac-
tion relative
complète chez
le peintre.

Une vraie
composition
chez l'artiste
oral.

Une appro-
priation chez
l'artiste oral.

qu'elle répond à sa propre pensée. Ensuite, — après un travail de détail que nous indiquerons plus loin, — il sera prêt à paraître en public, et il fera *sa mise en action* de façon à exprimer toute la pensée du poète s'il le juge à propos. Mais il pourra la dépasser et la modifier à son gré, lors même qu'il conserverait le texte exact, car il n'est chargé de faire valoir ni l'auteur ni son œuvre; il s'approprie cette dernière, pour en faire ce qu'il juge convenable, les paroles de l'élégie qu'il récite ne sont que le VÉHICULE au moyen duquel l'artiste transmet ses propres pensées, ou bien c'est l'ARGILE qu'il façonne à son gré pour mettre en saillie ses qualités artistiques. Et si, en disant le texte exact, il a assez de talents pour faire oublier à son auditoire et l'auteur et son œuvre, et lui-même l'artiste, pour ne faire voir que les personnages de l'élégie et les pensées qu'il leur prête, alors il aura atteint l'apogée de son art.

Cette création sera, comme le 2° tableau du peintre, une *appropriation*.

Une identification chez l'artiste oral.

98. Comme le peintre pour son 3° tableau (93), l'artiste oral mettra toute son ambition à faire valoir l'œuvre d'un maître. Supposons qu'il s'agisse encore de l'œuvre de Guiraud : ici, cette élégie ne sera plus le moyen dont l'artiste se servira pour exprimer ses pensées ou montrer ses ressources artistiques; non, il emploiera au contraire, toutes ses ressources et son intelligence à mettre en évidence la pensée réelle du poète, la beauté de son style, et tout ce que son œuvre contient d'expression, de sentiment, d'harmonie ; l'artiste oral aura ici encore plus de difficultés que le peintre, car celui-ci voit clairement les lignes, la forme et le coloris du tableau qu'il veut copier religieusement ; ce tableau fait image. Tandis que l'artiste oral devra chercher longtemps pour trouver dans une froide typographie le génie du maître qu'il veut exalter. Enfin quand il croira s'être bien identifié avec la pensée du poète, il cherchera, dans sa mise en action, à l'atteindre toujours sans la dépasser jamais. Cette 3° mise en action, comme le 3° tableau du peintre, sera une *identification*.

Une abstraction relative partielle chez l'artiste oral.

99. Dans le cas précédent l'artiste oral a cherché à faire valoir toutes les beautés d'ensemble et de détail de l'élégie de Guiraud. Ici, comme le peintre pour son 4° tableau (94), il fera des abstractions. Laissant de côté, pour le moment, la passion, le sentiment, la profondeur de pensées, l'action en un mot, que comporte le sujet, il voudra seulement mettre en relief la suite des idées, l'harmonie des paroles, la justesse et la beauté du style, c'est-à-dire, la *forme* de l'élégie. Dans ce cas, au lieu d'une mise en action proprement dite, il ne fera qu'une déclamation (67-68-72-73-74); mais, cette déclamation, comme le dessin ombré du peintre, devra nécessairement faire pressentir le coloris, l'action que demande l'expression complète de la pensée du poète. Du reste, cette déclamation un peu sentie n'en vaudra que mieux. Ce sera, comme le 4° tableau du peintre, une *abstraction relative partielle*.

Une abstraction relative

100. Enfin, comme le peintre pour le 5° tableau (95), l'artiste oral fera toutes les abstractions possibles; il se proposera seulement de reproduire les *lignes* du petit Savoyard, c'est-à-dire, la liaison des idées. Sans se préoccuper de la beauté du style, de la passion, du sentiment, de la profondeur des pensées, il fera un dessin au trait, une simple diction (67-68-72-73-74), l'énoncé du sens grammatical contenu dans l'élégie, et c'est à peine s'il indiquera quelques-unes des autres qualités de l'œuvre qu'il représente en esquisse. Ce sera une *abstraction relative complète*. — complète chez l'artiste oral.

Nous allons maintenant examiner comment procèdent nos deux artistes pour mener leur œuvre à bonne fin dans chacun des cinq cas que nous avons signalés.

101. Mais avant d'entrer dans les détails de ce travail, faisons remarquer que le peintre a un grand avantage sur l'artiste oral, car il peut toucher, retoucher son tableau, le refaire même; il travaille chez lui à loisir; tandis que l'artiste oral n'exécute jamais une mise en action qu'en public: c'est là que son inspiration doit le servir, que ses moyens d'exécution, quelquefois défectueux ou rebelles, doivent agir à point nommé; et, si cette inspiration n'est pas bien préparée, si ces moyens ne sont pas bien façonnés, l'artiste risquera, ou bien que leur RÉTIVITÉ lui fasse manquer le but, ou bien que leur impétuosité l'emporte trop loin, aussi, plus que le peintre encore, l'artiste oral devra employer des moyens préparatoires pour être toujours sûr de lui, et pour pouvoir, possédant bien son sujet, se laisser entièrement posséder par lui, avec la certitude que l'inspiration le mènera loin et bien. — Avantage du peintre sur l'artiste oral dans leur création respective, précautions que doit prendre ce dernier.

102. Commençons nos études de détail pour chacun des cinq cas expliqués ci-dessus. — Les deux artistes font :
Une véritable composition (94-96). — Composition par les deux artistes.

103. Le peintre fait un *croquis* au crayon pour fixer sa pensée et voit d'un coup d'œil ce qu'elle pourra devenir dans la proportion du cadre qu'il lui destine. — Croquis par le peintre.

104. L'artiste oral jette ses idées sur le papier, pour ne pas les perdre, pour en voir la liaison et pour prendre, dans une première *audition mentale de ce brouillon*, une idée de l'effet à produire dans la mise en action qu'il prépare. — Brouillon de l'artiste oral.

105. Le peintre satisfait du croquis qui représente le jet de son idée, fait UNE POCHADE soignée, dont les proportions, les dispositions et le coloris montrent EN RACCOURCI l'effet général du tableau qu'il compose, puis, au moyen de la perspective, il cherchera, sur sa toile d'exécution, et disposera *la place fixe et les proportions respectives* de toutes les parties de son tableau. — La pochade du peintre et la recherche de sa perspective.

106. L'artiste oral trouvant que son brouillon renferme ses principales idées travaillera à les *mettre dans l'ordre* le plus favorable à la clarté et à la puissance de leur transmission et appropriera le style au sujet, puis il *lira* ce travail *à haute voix*, d'abord avec la diction logique, pour apprécier la valeur des expressions, et pour s'assurer que ses idées sont bien coordonnées et rendues avec clarté; ensuite, avec la déclamation logique (77), pour juger de l'harmonie des paroles, pour voir si les expressions qu'il a choisies indiquent bien la finesse de ses — La pochade de l'artiste oral et l'examen de sa perspective.

pensées, la délicatesse des sentiments, la nature des passions, enfin appliquant les inflexions générales de la parole (44-45-46), à son sujet, il en SONDERA LA MISE EN ACTION, qu'il ne peut faire complètement que devant son auditoire. Par ce travail préparatoire il reconnaîtra si son talent d'écrivain a bien servi son génie d'artiste; car, une œuvre littéraire doit être écrite bien différemment pour être parlée, que pour être lue à loisir et avec réflexion. Tel mot, bien insignifiant sur le papier électrisera l'auditoire, en certain cas, et s'il est dit d'une certaine façon, lorsque la phrase la plus correcte et la plus brillante manquant d'action laisserait l'auditoire froid. Après ce travail, l'artiste arrêtera définitivement sa composition et ainsi il aura fait SA POCHADE, *le caneva* de sa mise en action, c'est-à-dire l'œuvre écrite qui sera LE VÉHICULE de cette mise en action; et, ayant pu apprécier par ce travail l'importance relative des différentes parties de sa composition écrite, et présumer ce qu'elle deviendra dans sa mise en action, il en aura, comme le peintre, examiné et disposé la perspective; il n'aura plus alors qu'à l'apprendre de mémoire et à lui donner tout le naturel, toute la perfection nécessaire pour la faire ressembler à l'improvisation.

107. L'ensemble de leurs idées ayant été jeté au moyen du *croquis* par le peintre (103). au moyen du *brouillon* par l'artiste oral (104); *la pochade* du premier (105), *la composition écrite, les lectures et les* SONDAGES *du second* (106), ayant établi les dispositions générales de forme et de couleur chez chacun d'eux, leur perspective finale étant pressentie et disposée, ils n'auront plus qu'à étudier et à préparer *les détails* en particulier, pour leur faire produire tout ce dont ils sont susceptibles et pour les bien proportionner entre eux lorsqu'ils les grouperont, en faisant, le premier son tableau, le second sa mise en action.

108. Le peintre devra donc *successivement et à diverses grandeurs*, faire *l'esquisse, le dessin ombré* et une *peinture* de chacun des personnages et des diverses parties du tableau.

L'artiste oral devra *successivement et avec divers développements de voix* étudier *la diction, la déclamation*, et *la mise en action* de sa composition écrite.

109. Lorsque le peintre fera le dessin au trait de ses personnages, il ne le fera pas d'un seul jet, quelque habile qu'il soit, il prendra des précautions, et procédera par degrés. Il commencera par *mesurer les dimensions* de son dessin; puis, il établira *les points principaux* qu'il joindra *par des lignes droites*, afin de voir par l'aspect de ce contour approximatif, si les points principaux sont bien placés; enfin, établissant quelques nouveaux *points intermédiaires*, il les reliera tous avec les premiers par le *contour définitif qui constituera le dessin au trait*; puis, il fera ses *dessins ombrés et ses peintures partielles*, après quoi, voyant l'effet général dans sa *pochade*, ayant définitivement arrêté sa *perspective*, et ayant sous les yeux toutes ses *études de détail*, il n'aura plus qu'à faire servir tout ce que ses regards embrassent, à stimuler et à diriger son inspiration pour faire son *tableau définitif*.

110. De même l'artiste oral commencera par mesurer chaque phrase , c'est-à-dire , par examiner ce qui , s'il improvisait, au moment même, devrait nécessairement être pensé par lui avant de parler, et ce qui lui viendrait spontanément en parlant. Il fera ce mesurage *mentalement* au moyen de la diction grammaticale (78) ensuite appliquant sa science en phraséologie , (appendice, n° 41) il groupera ou isolera les paroles suivant leur sens grammatical ; en un mot , il établira *le phraser* en rapport avec la nature et la grammaire , et cela au moyen de la diction au recto-tono (80) qui lui servira aussi à établir le rhythme et le mouvement de la parole. Ayant ainsi comme le peintre , *mesuré les dimensions* de son dessin et *placé les points principaux* à leurs vraies distances respectives, il cherchera, au moyen de la diction analytique (79), toute l'affirmation abstraite contenue dans la phrase : ce sera le *tracé rectiligne* qui joint les points principaux chez le peintre ; enfin , jetant quelques inflexions rappellatives pour placer *des points intermédiaires* entre les points principaux et harmoniser cette ébauche, il tracera le *contour définitif* par la diction logique, c'est-à-dire par la diction naturelle qui convient au sujet.

111. Pendant toute cette *préparation mentale*, qui devra être faite pour chaque phrase , et dont le but sera de bien établir *mentalement* ce qu'il peut et veut faire dans sa mise en action , l'artiste aura appris son œuvre écrite de mémoire et à la lettre , mais *mentalement* seulement.

112. Cela fait , il s'exercera à *haute voix* pour se mettre les paroles dans la bouche , pour façonner ses organes vocaux aux inflexions qu'il a conçues , et pour vérifier si leur effet répond à sa pensée. — Et d'abord , il commencera cette vérification sur la *diction logique*, telle que le travail mental la lui a inspirée , et qu'il exécutera à haute voix pour bien s'en rendre compte ; puis afin d'arrêter définitivement et avec certitude, cette diction logique; ou la rectifier avec sûreté, selon le cas, pour la rendre naturelle, et pour se préparer à faire la déclamation , il s'exercera *phrase par phrase avec toutes les dictions.*

113. Il commencera par la diction au *recto-tono* , (80) au moyen de laquelle il *façonnera ses organes vocaux* à bien prononcer toutes les paroles de sa composition écrite, et à acquérir la mémoire locale des divers mouvements qu'ils doivent faire pour prononcer ces paroles, afin d'agir comme les doigts d'un pianiste qui se posent instinctivement sur les touches du clavier, lorsque celui qui les meut sait bien PAR CŒUR ce qu'il joue. Avec la diction au recto-tono on exercera mécaniquement *la voix* qui offrira ensuite plus de ressources, et l'on s'habituera au *phraser*, au *rhythme* et au *mouvement* que l'on aura arrêtés dans le travail mental.

114. Enfin, employant dans cette diction tous les accents des deux catégories (63-64) , à l'exception de l'élévation et de l'abaissement du son , l'artiste s'exercera à donner de l'expression sans le secours de la mélodie naturelle.

115. Ensuite l'artiste fera un travail analogue par la diction *grammaticale* (78) en conservant le phraser, la prononciation, le rhythme, le mouvement établis par la diction au recto-tono. Le but de cet exercice est de bien étudier la diction grammaticale à laquelle l'artiste prévoit pouvoir se laisser entraîner, et cela, afin d'en conserver ce qui lui paraît donner de l'*harmonie* et du mouvement à ses paroles, sans altérer l'affirmation de ses pensées, et afin d'en supprimer tout ce qui pourrait rendre la mise en action chantée, précipitée ou confuse.

116. Puis, mêlant les accents expressifs aux accents indicatifs contenus dans cette diction, il s'exercera à la *déclamation grammaticale* pour en conserver aussi ce qui lui paraîtra bon, et pour en éviter ce qui lui semblera défectueux.

117. Après s'être exercé par la diction et par la déclamation grammaticales, l'artiste s'exercera par la *diction analytique* (79) afin d'habituer sa voix à donner le plus d'affirmation possible ; ensuite, ayant égard au phraser, au rhythme, au mouvement, et mêlant tous les accents expressifs aux accents indicatifs, il cherchera autant que possible, avec de l'affirmation seulement, à ébaucher l'expression que son sujet comporte.

118. Enfin, il reliera le travail de ces trois dictions, par la diction *logique*, qu'il pourra ici arrêter définitivement ; et où dominera, suivant le cas telle ou telle des trois autres dictions, il s'exercera à cette diction logique ainsi arrêtée naturellement, au moyen de la voix artificielle, dans le ton le plus grave possible, mais très-doux et avec du timbre, donnant toutes les intonations supérieures en voix de fausset, et cela afin d'améliorer sa voix mixte et de ménager ses forces.

119. Dans tous ces exercices à haute voix avec les quatre dictions, l'artiste oral aura eu soin de changer de ton musical à chaque phrase ; haussant ou baissant suivant la PERSPECTIVE relative de la phrase, mais toujours harmonieusement, d'après les lois instinctives de la mélodie naturelle.

Pour rendre la voix souple et faciliter ces changements de tons musicaux, l'artiste pourra dans les exercices de diction au recto-tono et de diction analytique parcourir dans les changements de ton, l'étendue d'une gamme diatonique et d'une gamme chromatique.

120. *Le dessin au trait* étant ainsi bien arrêté et les *ombres* indiqués, il n'y aura plus qu'à finir le *modelé par la déclamation logique*, laquelle ne sera guère autre chose que la diction logique arrêtée, rendue plus moelleuse, plus harmonieuse, plus expansive à l'aide des accents expressifs, qui devront niveler tout ce qu'il pourrait y avoir de trop saillant dans les accents indicatifs de cette diction logique ; mais la déclamation devra conserver en grande partie les proportions de diction établies dans la diction logique.

121. Après le modelé, l'artiste oral cherchera la *couleur* et s'exercera à la *mise en action* qu'il prévoit, je dis qu'il prévoit, parce qu'il ne sait jamais au juste ce que son auditoire pourra lui inspirer, il ne peut que le pressentir.

Pour être prêt à tout, l'artiste oral supposera *tous les cas possibles*, et exercera en conséquence la préparation de son exécution finale. Afin de mesurer ses forces et de découvrir les écueils sur lesquels il pourrait se briser, il se livrera à lui-même sans réserve, mais corrigera tout ce qui lui viendra de trop excentrique. Il passera par *tous les degrés possibles*, depuis la déclamation la plus modérée, jusqu'à la mise en action la moins contenue, afin de bien tâter sur tous les points et son sujet et lui-même. Et tout en s'abandonnant à sa chaleur naturelle ou à celle que l'art et un travail opiniâtre peuvent faire naître, il conservera assez de calme dans l'esprit pour se juger sévèrement, et ne jamais sacrifier la vérité à l'effet.

122. Ainsi préparé, *orateur* ou *poète*, l'artiste oral paraît devant son auditoire, le cœur plein de feu, mais l'esprit calme et tous les organes prêts à obéir à sa volonté ; il oublie tout le travail matériel qu'il a fait, tout ce qu'il a arrêté d'avance ; sachant parfaitement le texte de sa composition, il ne pense pas pouvoir manquer de mémoire ; possédant bien son sujet, et sa bouche s'étant façonnée à prononcer les expressions que son esprit a choisies, toutes les paroles doivent venir sur ses lèvres, d'ailleurs, n'y vinssent-elles pas, l'improvisation y suppléerait, il ne s'en inquiète pas, il ne pense qu'à l'ensemble de ses idées, et à leur suite particulière dans les deux ou trois premières phrases, pour avoir un point de départ. — Il commence, et se livre tout entier à son sujet ; mais il s'écoute avec soin pour profiter de tous les éclairs qui brilleront dans son esprit, de toutes les étincelles qui jailliront de son cœur, et pour rectifier par des correctifs adroits ce qui pourrait s'échapper de faux ou de faible. Sans qu'il le cherche, sans qu'il y pense, tout ce que son travail lui a fait arrêter dans sa pensée lui reviendra, mais avec la fraîcheur de l'improvisation, avec l'énergie de l'instantanéité ; tout cet échafaudage qu'il a élevé avec peine, offrira un point d'appui solide à son élan et les paroles apprises ne lui paraîtront plus, souvent assez puissantes, il en mettra d'autres, ajoutera, retranchera, improvisera en un mot ; et, ayant à la fois la double puissance de l'improvisation et de la parole apprise, il obtiendra un double succès.

123. Nous venons d'indiquer la marche logique que devaient suivre nos deux artistes, l'un pour composer son tableau, l'autre pour paraître devant son auditoire ; mais ils ne suivront jamais cette marche aussi strictement que nous l'avons tracée. Ainsi, le peintre n'exécutera jamais rigoureusement son tableau comme il l'avait indiqué dans son croquis, ou même dans sa pochade : à proportion qu'il avancera dans ses études, il découvrira des défectuosités dans son projet qu'il corrigera, et trouvera des idées nouvelles qu'il réalisera.

124. De même l'artiste oral pourra modifier sa composition écrite jusqu'au dernier moment. Quant au travail de mémoire et d'exercices préparatoires, il pourra également le modifier ; ainsi, il n'attendra pas le moment précis pour essayer à haute voix les diverses déclamations et la mise en action ; même en faisant son

S. du n° 124.

son travail préparatoire.

travail mental, quand il se sentira poussé par l'inspiration; il devra s'y abandonner, et il alternera ces essais avec le travail mental. Pour mettre dans sa bouche, en même temps que dans sa tête, les paroles qu'il a écrites, il pourra apprendre à haute voix avec la diction au recto-tono et avec la diction analytique. Cependant il est bon qu'il ait avancé son travail mental avant de trop s'exercer à haute voix à la diction et à la déclamation logiques, ainsi qu'à la mise en action, parce que ses inflexions de voix n'étant pas assez arrêtées, il pourrait en produire de fausses qu'il ne saurait encore juger, auxquelles il s'habituerait et qu'il ne pourrait plus corriger ensuite, lors même qu'il s'en apercevrait, ce qui n'est pas certain ; car l'oreille. malgré son exigence, s'habitue facilement à tout et finit par n'être plus choquée de ce qui l'avait d'abord très-désagréablement impressionnée (appendice, n° 33).

Une appropriation par les deux artistes (92-97).

Travail préparatoire par le peintre.

125. Le peintre et l'artiste oral vont faire *une appropriation.* — Comme pour une vraie composition le peintre fera un croquis (103) et une pochade 105) dans lesquels il mettra plus ou moins du tableau pillé, suivant qu'il mettra moins ou plus du sien , puis il fera les études successives absolument comme pour la composition complète (108-109).

Travail préparatoire par l'artiste oral.

126. L'artiste oral devra d'abord arrêter s'il conserve le texte exact de l'œuvre qu'il s'approprie, ou bien s'il y fait des suppressions, des augmentations et des changements, pour cela il faut qu'il connaisse bien la pensée de l'auteur afin de voir si elle est conforme à la sienne.

Ici l'artiste oral aura une difficulté que ne connaît pas le peintre ; car le tableau fait image, l'action en est visible ; tandis que l'œuvre écrite la plus belle , n'est jamais qu'une lettre morte, il faut que la voix vienne l'animer et lui donner la vie.

L'artiste oral devra donc sonder plusieurs fois cet imprimé sec et froid, pour y trouver le fil qui le relie au cœur et à l'esprit de son auteur. Aussi il commencera par lire mentalement et logiquement avec soin ; puis il essaiera à haute voix et successivement une diction logique, une déclamation logique et une demi mise en action, afin de bien juger de l'effet des sons ; il se livrera ensuite au travail mental indiqué pour la composition (110-111), après quoi il saura ce qu'il doit faire de l'œuvre qu'il s'approprie. Son idée arrêtée, il s'exercera à haute voix (112-113-114-115-116-117-118-119-120-121), comme pour la composition ; pouvant faire les mêmes interversions dans l'ordre de ces exercices s'il le juge convenable (124), l'expérience et l'habitude doivent diriger l'artiste.

Une identification par les deux artistes (93-98).

Travail préparatoire par le peintre.

127. L'*identification* complète est ce qui offre le plus de difficulté aux deux artistes, car il faut reproduire identiquement ce qu'un autre a fait ou a voulu faire. Le peintre commencera donc par dessiner , ombrer et peindre successivement , jusqu'à ce qu'il soit content ; prenons toujours les précautions indiquées dans les cas précédents (108-109).

128. L'artiste oral se gardera bien d'essayer la diction et la déclamation logique ou la mise en action, avant d'avoir fait son travail mental (110-111), et A FOND, ainsi que ses exercices à haute voix (112-113 etc.) de diction grammaticale, de recto-tono et de diction analytique. Seulement pour aller plus vite, il pourra, dès le début, apprendre avec le recto-tono et la diction analytique. Une fois le travail mental fait, la mémoire sûre, il appliquera les accents expressifs (64) à ses diverses dictions et finira comme dans les cas précédents.

129. Les *abstractions* par les deux artistes. Nos deux artistes devant passer, comme étude, par ces deux cas avant de finir le travail de l'identification, il est inutile de répéter ce qui a été dit pour le travail préparatoire des cas précédents.

130. Dans les études des cinq cas que peut rencontrer l'artiste oral nous n'avons rien dit de la physionomie et du geste, et cela pour trois raisons : 1° parce que la physionomie et le geste sont naturels et faciles, et qu'ils sont généralement bons, lorsque les inflexions de voix sont en rapport avec la pensée; 2° parce que l'artiste oral s'en occupera instinctivement en faisant le travail vocal; 3° parce que, pour en étudier la perfection, nous leur avons consacré une leçon spéciale.

Parallèle entre le professeur de l'art oral et le professeur de littérature.

131. Nous avons démontré dans la 1re leçon, que l'improvisation étant le mode de la parole le plus puissant sur l'auditoire, l'art oral doit avoir pour but de développer les moyens d'action dans l'improvisation et d'apprendre à simuler cette action de manière à mettre l'auditoire dans l'impossibilité de deviner si l'orateur improvise ou récite.

132. Mais nous avions déjà démontré que la richesse des organes de l'ouïe et de la voix, étant la condition nécessaire et suffisante pour que l'action de l'improvisation soit bonne, l'étude et l'exercice de l'organe de l'ouïe ainsi que du mécanisme vocal sont indispensables à tout homme qui veut improviser avec certitude de succès.

133. L'artiste oral, devenant professeur de son art, aura donc pour mission spéciale de montrer à ses disciples comment on parvient, à l'aide de l'art, à développer, à multiplier, à transformer les organes de l'ouïe et de la voix, et comment on simule l'improvisation avec des paroles apprises.

134. Comme le professeur de l'art oral ne doit rien ignorer sur l'action de la parole, il enseignera aussi, comme cas particulier, la manière de faire valoir la beauté d'un morceau littéraire, c'est-à-dire comment fait un professeur de littérature dans son cours. Ce cas particulier a été expliqué (98-99-100-128-129).

135. Pour rester donc dans sa spécialité, le professeur de l'art oral qui paraîtra en public pour se faire valoir comme artiste ou qui se donnera comme exemple à ses disciples, pour montrer toute la puissance de l'art, devra donner surtout, et avant tout, plusieurs exemples d'appropriation (97-126), dans lesquels il ramènera à l'improvisation les œuvres les moins écrites pour être parlées; dans lesquels il montrera, le cas échéant, toutes les ressources artificielles de son mécanisme vocal. Il ne faut pas qu'il craigne de donner trop d'expression; ceci n'est point à redouter, aussi longtemps qu'il ne sort point de la route qu'il s'est tracée et ne dépasse point les limites de la bienséance ; d'ailleurs, qui peut le plus peut le moins d'ordinaire, et il lui sera plus aisé, au besoin, de restreindre cette expression, pouvant paraître un peu exagérée, que d'en trouver une juste et convenable, pour colorer ce qui en serait dépourvu, s'il ne s'y est jamais exercé. La plupart de ses critiques dans ce cas (car il est impossible qu'il n'en ait point) seront ceux qui n'auront pas bien compris toute sa pensée.

Il lui sera permis parfois même de transformer le sens d'une œuvre littéraire à ce point, de lui faire produire un effet tout différent de celui que l'auteur a eu en vue; de faire naître l'hilarité par exemple avec un morceau écrit pour exciter la sensibilité et vice-versa ; ou bien encore d'exprimer, sans rien changer aux paroles, par la seule modification des inflexions de la voix, du jeu des organes et de la physionomie, une idée ou des sentiments tout à fait différents de ceux qu'indique l'œuvre écrite : ce sont de véritables tours de force par lesquels l'artiste oral, en montrant à ses disciples jusqu'où peut aller la puissance de l'art, leur prouvera, en même temps, la nécessité de cultiver avec soin des éléments de l'action qui ont une telle influence sur la manifestation de la pensée.

Il devra aussi se montrer improvisateur. Ensuite il donnera quelques exemples d'identification (98-128); ici il deviendra litté-rateur, il s'annulera pour ne faire valoir que l'œuvre qu'il interprète ; mais ce dernier rôle, secondaire pour lui, doit être mis au troisième plan, artiste d'abord, improvisateur ensuite, littérateur après.

136. Le professeur de littérature, au contraire, bien qu'il doive être capable de faire une appropriation, comme le professeur de l'art oral, ne sort jamais, dans son cours, de l'identification, (98-128), de l'abstraction partielle et de l'abstraction complète; car son but à lui est de faire valoir la pensée de l'auteur et surtout la forme dont cette pensée est revêtue; il n'a jamais à faire une appropriation.

137. Pour nous résumer dans ce dernier parallèle, nous dirons, comme nous l'avons déjà dit, que le professeur de l'art oral récitant une œuvre littéraire doit considérer le texte de cette œuvre comme LE VÉHICULE au moyen duquel les inflexions de sa voix transportent sa propre pensée, ou encore comme L'ARGILE que son talent façonne pour mettre en relief des qualités artisti-ques, tandis que le professeur de littérature se sert de ses moyens artistiques pour produire des inflexions de voix capables de faire valoir le texte de cette œuvre littéraire.

Fin de la neuvième leçon.

DIZIÈME LEÇON.

DES ACCENTS ET DE L'ACCENTUATION.

SOMMAIRE.

---

1. Tout le monde comprend ce que l'on entend quand on dit : un accent plaintif, des accents joyeux, l'accent de la vérité, faire sentir l'accent sur telle partie d'une parole, etc., etc.; mais s'il est facile de comprendre ce que l'on entend par accent, il n'est pas aussi facile de le définir ; nous allons cependant essayer de le faire, et nous dirons qu'un accent est ce je ne sais quoi de particulier et de naturel imprimé sur un son vocal ou sur plusieurs

Définition
des accents.

S. du n° 1.

sons vocaux , qui met en relief telle ou telle partie d'une parole , telle ou telle parole d'une phrase , telle ou telle phrase du discours. L'effet de l'accent dans ce cas est de bien montrer *les suites d'idées* ou *la valeur particulière* des paroles ou des phrases que l'on prononce. L'accent est aussi ce quelque chose qui donne un ton de couleur général sur l'ensemble de la parole, et, dont l'effet est de peindre *les sentiments* et *les sensations*. Enfin , l'accent est encore tout ce qui , d'une manière quelconque et à quelque degré que ce soit , modifie la qualité des sons vocaux pour exprimer *la pensée* et *le sentiment*.

Accents de la première catégorie, accents indicatifs.

2. Nous distinguerons deux catégories d'accents : 1° les accents *indicatifs* (9° leçon 63) qui sont dictés par l'intelligence et sont soumis à la volonté, qui partent de l'esprit et s'adressent à l'esprit ; accents dont l'objet principal est d'indiquer les suites d'idées et qui ne peuvent rendre les sentiments , les passions , les sensations , le mouvement de la pensée, faire de l'imitation, qu'à l'aide des accents de la 2° catégorie qui les modifient en se mêlant avec eux.

Accents de la deuxième catégorie, accents expressifs.

3. 2° Les accents *expressifs* (9° leçon 64) qui sont dictés par le sentiment , par la passion ou par les sensations ; accents qui peuvent quelquefois être indépendants de la volonté ; qui, partant du cœur ou de l'organisme, s'adressent au cœur et à l'organisme, accents qui ont pour effet d'exprimer les sentiments, les passions, les sensations , de rendre le mouvement de la pensée , de faire de l'imitation , mais qui ne peuvent exprimer une suite d'idées qu'à l'aide des accents de la 1re catégorie auxquels ils se mêlent , et qu'ils absorbent quelquefois dans la couleur qu'ils donnent à la parole.

Classification et dénomination particulière des accents indicatifs.

4. Il y a trois *types* d'accents indicatifs , dont *les caractères* sont déterminés par leur genre d'action sur le son. Le 1er se fait sentir par une *augmentation de force dans l'articulation ;* le 2° par une *élévation saillante du son ,* et le 3° par l'*augmentation d'intensité du son, ou par sa prolongation*. Le 1er , *caractérisé* par la force d'articulation , agissant sur les consonnances, sera nommé accent *consonnant ;* le 2° , *caractérisé* par l'élévation saillante du son , sera nommé accent *tonique* , parce qu'il détermine le ton musical dans lequel doit être dite la phrase , la proposition ou partie de proposition qui le suit. Nous nommerons accent *prosodique* celui dont le *caractère* est marqué par la prolongation du son ou par son intensité. Nous le nommerons prosodique , parce qu'il modifie quelquefois les règles de la prosodie.

Caractères distinctifs de quelques accents expressifs.

5. Les accents expressifs sont très-nombreux et très-variés ; *il est très-difficile de préciser leur genre d'action sur le son ;* aussi nous ne pouvons pas comme aux accents indicatifs , *leur donner de dénomination particulière ;* nous ne pourrons que signaler à quels *caractères* on reconnaît quelques-uns d'entre eux. Ces caractères sont : *le rhythme, l'accélération* ou *le ralentissement* du mouvement de la parole , *le martellement des sons, la modification du timbre , le vibratto* de la voix.

6. L'accent consonnant (4), ayant toujours sur le son, une action qui ne peut varier que par le degré de force, il en résulte qu'il *n'admet pas de division*. *Indivision de l'accent consonnant.*

7. L'accent tonique (4), jouant différents rôles suivant la place qu'il occupe, prendra différents noms : *Division de l'accent tonique en intonatif et en suspensif.*

Lorsqu'il se fait sentir au commencement d'une parole ou d'un groupe de paroles exprimant un sens, nous le nommerons accent tonique *intonatif*, parce qu'il influe sur toutes les intonations et sur tous les accents de la phrase, de la proposition ou partie de proposition qu'il commence et dont il détermine le ton musical (4). Lorsque l'accent tonique placé sur le dernier son d'une parole, en tiendra le sens en suspens, par un temps d'arrêt, en appelant fortement l'attention sur la résolution grammaticale de la phrase, nous le nommerons accent tonique *suspensif*.

8. L'accent prosodique (4) se fait sentir tantôt par *une prolongation* du son, avec abaissement plus ou moins grand de l'intonation ; tantôt par une *augmentation d'intensité*, avec ou sans abaissement de l'intonation ; enfin, avec ou sans abaissement de l'intonation par *une prolongation et par une augmentation d'intensité* ; aussi cet accent prend différents noms suivant la nature particulière de son action. *Division de l'accent prosodique en résolutif et en appellatif.*

1° Lorsque le son sur lequel l'accent prosodique se fait sentir, passant par la note basse fondamentale, s'éteint en mourant dans la poitrine, et amène la résolution musicale de la phrase pour clore le sens, nous nommerons l'accent, accent prosodique *résolutif*.

2° Lorsque l'accent prosodique se fait sentir sur un son dont l'intonation soutenue, ou baissant légèrement, demande une résolution musicale et *appelle* un complément à la parole sur laquelle se fait sentir l'accent, nous dirons que cet accent est prosodique *appellatif*.

9. Lorsque l'intonation du son sur lequel se fait sentir l'accent prosodique appellatif (8) est *soutenu*, nous dirons que l'accent est prosodique appellatif soutenu ou simplement *accent soutenu*. Lorsque l'intonation baissera un peu, à cause que dans ce cas elle se fait sentir à peu près *sur la médiante* du ton, nous appellerons l'accent, accent prosodique appellatif médiant ou simplement *accent médiant*. *Subdivision de l'accent prosodique en appellatif soutenu et en appellatif médiant.*

10. L'accent *consonnant* (4) se fait toujours sentir *sur la première consonnance* d'une parole, ou d'un groupe de paroles formant un sens ; mais avec plus ou moins de force, suivant la nature de cette consonnance, la valeur de la parole où elle se trouve et de la phrase où est placée cette parole, enfin suivant les circonstances dans lesquelles cette parole est prononcée. *De l'accent consonnant.*

On peut aussi répéter l'accent consonnant *sur d'autres consonnances* que la première, lorsque l'on veut donner beaucoup d'expressions à ce qu'on dit.

11. L'accent tonique *intonatif* (7) se fait toujours sentir *sur le premier son* d'une parole ou d'un groupe de paroles, mais à des degrés différents. Le plus souvent il est suivi d'une chute immé- *De l'accent tonique intonatif.*

S. du n° 11.

diate, et alors il est très-accusé, afin d'appeler fortement l'abaissement du son ou des sons suivants de la parole ou du groupe. Quelquefois *il se continue avec la même intonation* sur tous les sons d'une parole ou d'un groupe, jusqu'au dernier , où, sans changer d'intonation , il devient prosodique.

D'autres fois enfin , légèrement accusé sur le premier son, *il s'élève graduellement de son en son* jusqu'au pénultième ou à l'anté-pénultième sur lequel il se fait sentir fortement, pour préparer la chute du dernier son de la parole ou du groupe de paroles.

De l'accent tonique suspensif.

12. L'accent tonique *suspensif* (7) , qui *appelle* toujours l'attention sur la proposition qui le suit , est toujours nuancé de façon *à faire allusion* à une chose déjà dite ou sous-entendue; mais pour *rappeler* nettement ce qui a été dit, ou pour bien *faire sentir* une ellipse ou toute autre figure, l'accent suspensif doit être préparé par un accent intonatif accusé fortement sur le premier son de la parole ou du groupe où se trouve l'accent suspensif ; quelquefois même il y a, entre les deux accents toniques, un accent prosodique appellatif médiant (9).

De l'accent prosodique résolutif.

13. L'accent *prosodique résolutif* (8), lorsqu'il se fait sentir, est toujours placé *sur le dernier son* d'une parole ; il est généralement *caractérisé par une petite augmentation d'intensité dans le son et par sa durée très-prolongée*, qui ne cesse que lorsque le son s'est éteint en baissant et en mourant dans la poitrine. Quelquefois l'accent résolutif est moins prolongé , plus brusque , et alors l'augmentation d'intensité est plus grande ; toutefois le son va toujours *en baissant* et meurt dans la poitrine.

De l'accent prosodique appellatif soutenu.

14. L'accent *prosodique soutenu* (9) lorsqu'il se fait sentir est toujours placé *sur le dernier son* d'une parole. Ce *qui le caractérise , c'est la durée et surtout l'intensité du son final.* Son intonation , égale à celles qui précèdent, *tend* cependant à *monter* un peu.

De l'accent prosodique appellatif médiant.

15. L'accent *prosodique médiant* (9) , généralement placé *sur le dernier son* d'une parole , se trouve quelquefois , dans le corps de cette parole , *immédiatement avant l'accent tonique suspensif.* Il est *caractérisé par la durée , l'intensité* et par *un demi abaissement* dans l'intonation qui fait à peu près entendre la médiante.

Fonction habituelle des accents expressifs dont les caractères ont été signalés au n° 5.

16. Il ne nous est *pas* plus *possible d'assigner un rôle* précis aux accents expressifs (2) , qu'il ne nous l'a été de *préciser leur genre d'action sur le son* ; nous allons cependant , approximativement du moins , indiquer la *fonction* la plus habituelle de ceux dont *les caractères* ont été signalés (au n° 5). Ainsi, l'accent *caractérisé* par le *rhythme* , manifestera la proportionalité du mouvement des pensées; *l'accélération* et *le ralentissement du mouvement* de la parole feront de l'imitation , ou manifesteront l'état de calme ou d'impétuosité de celui qui parle.... l'accent *caractérisé* par le *martellement des sons* manifestera l'énergie, l'impatience , la vigueur , etc., etc. , l'accent *caractérisé* par la *modification du timbre* produira plusieurs effets : Si le timbre devient sombré, l'accent manifestera des sentiments pénibles ; si le timbre devient

éclatant , il manifestera des sentiments agréables. Quelquefois, S. du n° 16.
l'accent *caractérisé* par la modification du timbre fera purement
de l'imitation.

L'accent *caractérisé* par *le vibratto* de la voix manifestera
l'émotion, la fatigue, etc , etc., etc., imitera la vieillesse, etc., etc.

17. L'accentuation est le *choix*, le *mode de disposition* et l'*exé-* Accentuation.
cution des divers accents que suscite la nature.

18. L'accentuation *instinctive* est celle qui *est due à l'instinct,* Accentuation
instinctive.
à la nature , sans que la réflexion et le raisonnement la déter-
minent en rien.

19. L'accentuation *raisonnée* , au contraire , est le raisonne- Accentuation
raisonnée.
ment qui fait découvrir l'accentuation instinctive et fournit les
moyens de l'imiter. Elle ne laisse rien à l'instinct, elle *discute* ,
commente, *règle* tout ce que la nature produit ou peut produire
de spontané, et en *dispose* naturellement suivant les circonstances.

20. On dit souvent un mauvais accent , un accent de province, Différence
entre la pro-
nonciation et
l'accent.
et la plupart entendent par là une mauvaise prononciation , une
prononciation de province : ceux-là se trompent étrangement ; il
y a une grande différence entre la prononciation et l'accent. La
bonne prononciation consiste (appendice 42) à *émettre avec netteté*
et d'après les règles de la grammaire les sons de la langue que l'on
parle, tandis que l'*accent*, comme nous l'avons dit (n° 1), c'est un
je ne sais quoi qui INDIQUE *les idées naturellement* , *indépendam-*
ment des conventions grammaticales ou qui PEINT les *sentiments* ,
les *passions* , les *sensations*. Telle personne , qui prononce admirablement , pourra être très-monotone dans sa diction , et par
conséquent avoir un accent faible , c'est-à-dire de faibles accents
indicatifs (n° 2) ; ou bien , elle sera d'une froideur désespérante
et ne pourra peindre un sentiment : elle manquera d'*accents*
expressifs (n° 3). Telle autre personne, au contraire, qui aura des
accents indicatifs très-variés et qui parlera avec le cœur , pourra
être presque inintelligible dans sa prononciation.

21. Dans certaines provinces on prononce plus mal que dans Ce qu'il faut
entendre par
accent de pro-
vince.
d'autres ; mais ce qui caractérise surtout le TERROIR où l'on est né,
c'est l'accent, c'est-à-dire une disposition particulière des accents
indicatifs, un rhythme particulier, etc , en un mot, un type général
d'accentuation. qui provient du climat , du tempérament , des
habitudes , de l'éducation et des langues parlées primitivement
dans le pays. Quand on dit l'accent d'une province , c'est comme
si l'on disait : les accents habituels de cette province ; mais la
véritable expression serait l'*accentuation de cette province*.

22. L'accentuation pour être bonne doit remplir trois conditions: Conditions
d'une bonne
accentuation.
1° Elle doit *ajouter* à la valeur grammaticale et figurée des
paroles tout ce qu'elles peuvent exprimer de sentiments , de
passions , de sensations , afin de rendre la pensée palpable.

2° Elle doit *bien indiquer* les rapports des différentes parties
des phrases et des idées qu'elles expriment.

3° Elle doit *suppléer*, par des inflexions de voix bien entendues,
aux nombreuses ellipses qu'un laconisme expressif peut susciter ;

en d'autres termes, faire voir clairement tout ce qu'il y a d'implicite dans la phrase.

23. L'accentuation *instinctive* sera toujours bonne, lorsque celui qui parle sera *pénétré* de ce qu'il dit ; pourvu toutefois que ses organes de *l'ouïe* et de la *voix* soient *exercés*, et qu'il *n'ait pas* contracté de *mauvaises habitudes.*

24. Pour que l'accentuation *raisonnée* soit bonne, il faut qu'elle fasse *reproduire identiquement* tout ce que produirait l'*accentuation instinctive* dans le cas dont il s'agit.

25. Dans la *mise en action proprement dite* (Voyez 9e leçon, nos 58, 59, 60, 61, 62, 63, 64, 67, 68, 70, 74, 122), les accents se multiplient beaucoup et se modifient les uns par les autres, afin de rendre la profondeur des pensées, la délicatesse des sentiments, la force des passions, l'intensité des sensations que les paroles de la langue la plus riche seraient toujours impuissantes à exprimer complètement. Ces *accents* sont quelquefois si *nombreux*, si *variés*, et tellement *fondus* les uns dans les autres, *qu'il est très-difficile de reconnaitre*, en particulier, les *accents indicatifs* qui se trouvent employés. Quant aux *accents expressifs*, qu'il est toujours très-difficile de préciser, *on ne peut guère ici que les entrevoir*, sans pouvoir en déterminer positivement la nature Aussi n'est-ce qu'à l'aide de la mémoire des inflexions générales de la parole (Voyez 9e leçon nos 42, 44, 45, 46), et par des tâtonnements qu'il est possible d'imiter l'accentuation instinctive dans la mise en action proprement dite ; l'accentuation raisonnée (N° 19) ne peut guère servir qu'à montrer les fautes dans lesquelles on pourra tomber.

26. Au contraire, *dans la simple diction*, (Voyez 9 leçon, n° 72), ou dans *la mise en action naturelle* qui la Fuise, (Voyez 9e leçon, nos 58, 59, 67, 68, 70, 72), *il n'y a guère que des accents indicatifs*, et il est facile de les constater, de les observer et d'en étudier avec soin la marche régulière ; aussi, dans la diction, l'accentuation raisonnée (N° 19), jouera-t-elle un très-grand rôle.

27. *Dans la déclamation* (Voyez 9e leçon, Nos 58, 59, 67, 68, 70, 73), on doit retrouver à peu près tous *les accents indicatifs* de la diction, *mais avec moins de relief et comme noyés dans les accents expressifs, qui sans être tout à fait accusés sont cependant sensibles.* L'accentuation raisonnée (N° 19), et des tâtonnements basés sur la mémoire des inflexions générales de la parole, (Voyez, nos 42, 44, 45, 46), feront trouver facilement l'accentuation instinctive de la déclamation.

28. Nous allons examiner comment l'accentuation instinctive dispose des accents indicatifs dans la diction naturelle ou logique, et, comme nous avons considéré quatre dictions, (voyez 9e leçon, nos 75-77-78-79-80-81), qui toutes se trouvent plus ou moins dans l'improvisation, nous allons les parcourir successivement pour voir comment les accents indicatifs concourent à caractériser ces dictions ; mais comme la diction logique les embrasse toutes et qu'elle est la plus naturelle, nous allons commencer par elle, et nous examinerons, successivement et individuellement, chaque accent indicatif dans toutes les inflexions de voix de cette diction ; puis nous examinerons les trois accents indicatifs dans chacune des autres dictions ; mais auparavant établissons bien la différence qu'il y a entre une *intonation* et un *accent*.

29. Bien que l'intonation contribue à caractériser l'accent (n°s 2-8-9), ce n'est pas elle qui le constitue : la mélodie naturelle pourrait produire des intonations très-diverses, sans qu'il y eût *accent* ; il faut, pour que ce dernier existe, qu'il y ait *appuiement* sur le son d'une manière quelconque et à quelque degré que ce soit. — A la fin des paroles, soit après l'accent tonique suspensif, dont l'intonation monte d'une manière saillante (n° 12), soit après l'accent prosodique soutenu, dont l'intonation tend à monter (n° 14) ; la voix baisse naturellement un peu pour s'éteindre (voyez 9° leçon, 51-52) ; mais cet abaissement n'est pas ici ce qui caractérise *l'accent*, qui est surtout *constitué par l'intensité, par la durée et par le timbre* du son.

30. Dans toutes les inflexions de voix (voyez 9° leçon, n°s 47-48-49-50-51), l'accent *consonnant* (n° 2) se fait toujours sentir *sur la première consonnance* d'une parole ou d'un groupe de paroles formant un sens, mais on peut *le répéter* sur d'autres paroles lorsqu'on veut faire de l'imitation ou seulement donner de l'énergie au débit (n° 10).

31. Dans toutes les inflexions de voix, l'accent *tonique intonatif* (n° 11) se fait sentir sur le *premier son* d'une parole ou d'un groupe de paroles formant un sens ; mais dans *l'inflexion de voix résolutive* tonique ou finale (voyez 9° leçon, n°s 47-49-50-51-52), ainsi que dans *l'inflexion rappellative* (voyez 9° leçon n° 51), l'accent tonique intonatif est *très-accusé*.

32. L'accent *tonique suspensif* (n° 12) ne se trouve que dans *l'inflexion de voix rappellative* et dans *l'inflexion appellative*, (voyez 9° leçon, n° 51) ; encore faut-il que cette dernière appelle fortement l'attention sur ce qui suit, et qu'il y ait une allusion vague à quelque chose. Dans *l'inflexion appellative* l'accent suspensif est *plus élevé que l'accent tonique intonatif* ; tandis que dans *l'inflexion rappellative*, où il est quelquefois préparé par un accent médiant, il est *plus bas que l'accent tonique intonatif*, qui dans ce cas est très-fortement accusé.

33. L'accent *prosodique résolutif* (n° 13) ne se trouve que dans *l'inflexion résolutive* finale ou tonique (voyez 9° leçon, n° 51) ; mais il est *plus accusé dans l'inflexion finale que dans l'inflexion tonique*.

34. L'accent *prosodique soutenu* (n° 14) ne se trouve que dans quelques *inflexions de voix appellatives faisant de l'imitation*.

35. L'accent *prosodique médiant* (n° 15) se trouve dans *l'inflexion appellative* qui a un peu *d'affirmation*; il y est placé *sur le dernier son*. Parfois aussi il se trouve dans *l'inflexion rap-pellative*, et alors il est *dans le corps de la parole immédiatement avant l'accent suspensif* qu'il prépare.

36. *Dans la diction grammaticale* (Voyez 9ᵉ leçon, nᵒˢ 75, 78), l'accent *consonnant*, l'accent *tonique intonatif* et l'accent *proso-dique résolutif* suivent *les mêmes règles que dans la diction logique*; (Nᵒˢ 30, 31, 33) seulement ils sont *moins accusés*. La plupart des *inflexions appellatives* le sont par l'accent *soutenu* et par l'accent *médiant*, très-peu par l'accent *suspensif*. Quant aux *inflexions rappellatives*, elles ne contiennent que les *deux accents toniques*, et encore sont-ils *faibles*.

37. *La diction analytique* (9ᵉ leçon, n° 79), ne contenant que *l'inflexion de voix résolutive* et quelquefois *l'inflexion légèrement appellative* (9ᵉ leçon, n° 51), admettra *peu et avec très-peu de force* l'accent *tonique suspensif*; l'accent *consonnant*, l'accent *tonique intonatif* et l'accent *prosodique résolutif* se font sentir ici *comme dans la diction naturelle* (n° 26-28-30-31-33); mais l'accent *intonatif* et l'accent *résolutif* sont *très-accusés*. Quant à *l'inflexion de voix appellative* qui se trouve *dans la diction analy-tique*, elle est le plus souvent marquée par l'accent *prosodique médiant*, et assez rarement par l'accent soutenu.

38. *La diction au recto-tono* (9ᵉ leçon, n° 80), ne contenant que *l'inflexion de voix appellative* (9ᵉ leçon n° 51) et cette inflexion se faisant toute *sur la même note* musicale, la diction au recto-tono n'admet que *trois accents indicatifs*: l'accent *consonnant*, l'accent *tonique intonatif* et l'accent *prosodique soutenu*.

39. Si l'on mêle *quelques accents expressifs* aux accents indicatifs qui se font sentir dans les quatre dictions, on pourra donner de l'expression à ces dictions et *les rapprocher* plus ou moins de *la déclamation* (n° 1-3), (9ᵉ leçon, n° 114-115-116-117-120). Cependant on ne pourra jamais ramener *tout à fait* à la déclamation, *que la diction logique et la diction grammaticale*; aussi nous allons dire un mot sur la disposition générale des accents dans ces deux déclamations. Mais comme la *déclamation logique* n'est qu'un *diminutif de la mise en action*, et que la *déclamation grammaticale* n'est qu'une *modification de la décla-mation logique*, nous allons commencer par examiner comment, au moyen de l'accentuation raisonnée, *on peut découvrir l'accen-tuation instinctive dans la mise en action proprement dite* et essayer de *reproduire cette accentuation* instinctive.

40. *Dans la diction logique* les suites d'idées étant seules indiquées, les *accents indicatifs* sont *très-distincts, et accusés* d'autant plus qu'il y a *plus d'affirmation* dans la pensée; *dans la mise en action* il n'en est pas de même, telle *affirmation*, qui exige naturellement une inflexion résolutive dans la diction logi-que, sera rendue ici *par une inflexion rappellative* ou par une *inflexion appellative*, et, dans ce dernier cas, tantôt par un accent *suspensif*, tantôt par un accent *soutenu*, tantôt par un

accent *médiant*. La raison en est que les accents expressifs rendant S. du n° 40.
les sentiments palpables, faisant voir par des images les objets dont
on parle, il y a toujours *plus d'affirmation à montrer* la pensée qu'à
l'expliquer ; aussi laisse-t-on souvent en suspens et dans le vague,
— afin de donner le champ libre à l'imagination de l'auditeur, —
ce qui, pour être expliqué, devrait être clos par un accent résolutif. C'est pourquoi *la plupart des inflexions de la diction*, ainsi
que *les accents qui les caractérisent, changent de nature dans la
mise en action* ; il n'y a guère que *les accents reliant les pensées*
qui soient *conservés*, et encore sont-ils *très-adoucis* ; car, trop
accusés, ils distrairaient l'attention des accents expressifs et par
conséquent des sentiments, des images.

Pour reconnaître donc les accents indicatifs implicitement et
logiquement contenus dans une mise en action, il faut, à l'aide de
l'accentuation raisonnée, ramener cette mise en action à la diction
logique. Quant aux accents expressifs, on ne pourra les reconnaître et les imiter qu'en se pénétrant bien des pensées et des
sentiments à exprimer, et en tâtonnant, au moyen de la mémoire,
des inflexions générales de la parole (9ᵉ leçon, n° 44).

41. La *déclamation logique* n'étant qu'un *diminutif de la mise
en action* se comporte de la même façon, mais d'une manière
moins absolue ; ainsi les accents *indicatifs* de la diction *changeront
moins* ou seront *moins adoucis*, parce que les accents *expressifs*
étant *moins forts* les absorberont moins.

Accents in-
dicatifs et ac-
cents expres-
sifs dans la
déclamation
logique.

42. La *déclamation grammaticale* est une *modification de la
déclamation logique*, et n'a pas, comme celle-ci, des rapports aussi
sensibles avec la mise en action proprement dite. Pour bien comprendre comment les accents des deux catégories doivent agir
sur elle, il faut examiner à quoi cette déclamation peut être utile.

Accents in-
dicatifs et ac-
cents expres-
sifs dans la
déclamation
grammaticale

Elle est *employée* utilement *dans deux cas* principaux :
1° lorsque, *dans la discussion*, on a besoin d'une conclusion
immédiate, découlant d'une suite d'explications déjà données et
bien comprises.

2° Lorsque l'on voudra *faire valoir* la beauté littéraire, l'harmonie musicale d'une *poésie lyrique*.

Dans le premier cas on parcourra au galop *par la déclamation
grammaticale*, le chemin que l'on a déjà suivi au pas ; par la diction
logique, et l'on enlèvera à la course *la conclusion*, qui, se faisant
trop attendre par la diction logique, perdrait de sa puissance.

Ici, il n'y aura aucune *inflexion résolutive, que la dernière* ;
quelques inflexions rappellatives légères et *beaucoup d'inflexions
appellatives*, toujours *par accent suspensif*, à moins que l'on ne
respire ; alors, on emploiera l'accent *soutenu*, et quelquefois
lorsqu'on voudra *rappeler les inflexions résolutives* qui se trou-
vaient dans la diction logique ; dans ce cas-ci on emploiera *l'accent
médiant*. quant aux accents *expressifs*, ils se feront sentir, mais
ils ne domineront pas les accents *indicatifs*.

Dans le deuxième cas, on caresse *la déclamation grammaticale*,
au lieu de la brusquer. Les *inflexions rappellatives* sont *plus
nombreuse* et *plus accusées* ; quant aux *inflexions appellatives*,
quoique *très-accusées*, elle seront *très-harmonieuses* du vrai chant,

les inflexions *résolutives* seront *un peu plus nombreuses* que dans le 1er cas, les *accents dominants* seront les *expressifs* et *le médiant l'accent le moins employé* sera le *résolutif.*

43. *Le changement de ton musical* dont nous avons parlé dans la 9e leçon (n° 119), se fait *au moyen de l'accent tonique intonatif,* que l'on établit dans un ton musical *relatif* avec ce qui précède, et *plus haut ou plus bas* suivant que l'on veut exprimer telle ou telle pensée ; seulement il faut se rappeler qu'il n'y a pas de règle absolue : une basse-taille exprimera dans le grave une pensée qu'un ténor exprimera parfois par une note éclatante.

44. Dans l'emploi des accents soit indicatifs soit expressifs, il faut se garder de considérer *les dénominations* que j'ai adoptées comme s'appliquant à des caractères *invariables* ; car il n'en est pas ainsi. Chaque accent devra, comme chaque inflexion de voix, comme chaque inflexion générale de la parole, passer par autant de nuances qu'il sera employé de fois ; aussi n'est-ce qu'à *un type* général que s'appliquent *mes dénominations* ; elles n'ont d'autre objet que celui de remettre la pensée sur la bonne route, lorsqu'elle s'en écarte ; et, une fois dans la direction du vrai, l'instinct fera trouver l'allure convenable, c'est-à-dire l'accent, l'inflexion de voix, l'inflexion générale de la parole nécessaires à rendre toute la pensée. — Comme mécanisme : il faut avoir soin d'éviter les cris, les éclats de voix, les mélodies trop étendues, la brusquerie, les secousses, toute excentricité qui ne serait pas justifiée ; en un mot, il faut éviter *l'exagération* et chercher *la simplicité* qui seule conduit au vrai.

45. L'homme qui aura beaucoup observé *la nature* ; qui, pour *l'imiter,* aura cultivé, avec soin, les *organes de la voix* et de *l'ouïe* ; qui se sera exercé à reproduire *la parole naturelle* dans diverses situations, et qui, soit pour corriger *des défauts particuliers,* soit afin de multiplier ses moyens d'action, soit pour acquérir une voix artificielle au moyen de laquelle, il puisse ménager ses forces, aura contracté des habitudes devenues chez lui une seconde *nature perfectionnée* par *l'art* ; dans quelques circonstances qu'il se trouve, cet homme, *l'expression* de ses sentiments propres et de ses passions, le plus spontanément manifestés, se ressentira et profitera de ses études. — Maintenant que cet homme, — habitué à mettre constamment en parallèle la nature et l'imitation que *l'art* lui suggère et qu'il fait facilement à l'aide de ses moyens naturels façonnés et développés, — ait à réciter comme s'il improvisait, il aura tellement compris comment procéderait la spontanéité et il aura si bien disposé les moyens pour l'atteindre, que, s'il s'abandonne à son sujet, il y entrera si avant, qu'il se surprendra lui-même et agira comme s'il improvisait. Ainsi, dans la mise en action, *l'accentuation instinctive et l'accentuation raisonnée* se fusionnent en se prêtant un mutuel secours. (9e leçon, n° 122).

46. *Tableau synoptique relatif à la 9ᵉ leçon.*

Accents (n° 1.)

- indicatif (u° 2).
  - Force d'articulation-*consonnant* (n°ˢ 4-6-10).
  - Elévation du son-*tonique* (n° 4). { Intonatif (n°ˢ 7-11). / Suspensif (n°ˢ 7-12.
  - Intensité et durée du son-*prosodique* (n°4). { Résolutif (n°ˢ 8-13). / Appellatif n°ˢ 8). { Soutenu 9-14. / Médiant 9-15.
- expressifs (n° 3).
  - Le rhythme / L'accélération / Le ralentissement } du mouvement de la parole. / Le martellement des sons. / La modification du timbre } de la voix. / Le vibratto / etc., etc., etc. } (n° 5).

Accentuation (n°ˢ 17-22). { *instinctive* (n°ˢ 18-23) / *raisonnée* (n°ˢ 19-24) } (n° 45).

Accentuation de { la *mise en action* (n°ˢ 25-40). / la *diction* (n°ˢ 26-28-30-31-32-33-34-35-36-37-38). / la *déclamation* (n°ˢ 27-39-41-42).

Sont employé dans la diction iogique { l'accent consonnant (n° 30) / l'accent intonatif (n° 31) / l'accent suspensif (n° 32) / l'accent résolutif (n° 33) / l'accent soutenu (n° 34) / l'accent médiant (n° 35).

Les accents indicatifs dans { la diction grammaticale (n° 36) / la diction analytique (n° 37) / la diction au recto-tono (n° 38).

Les accents { indicatifs / expressifs } dans { la mise en action (n°ˢ 25-40) / la déclamation logique (n°ˢ 27-39-41) / la déclamation grammaticale (n°ˢ 27-39-42).

47. *Tableau synoptique relatif à la 9e et à la 10e leçon.*

Diction logique (9e leçon. 67-72-75-77-81).
— Inflexion résolutive / id. *rappellative* / id. appellative } 9e leçon. 47-49-51 — accents :
- consonnant-intonatif-*résolutif.*
- consonnant-intonatif-médiant-*suspensif.*
- consonnant-intonatif- { *suspensif. / soutenu. / médiant.*

Diction grammaticale (9e leçon. 67-72-75-78-81).
— Inflexion *appellative* / id. rappellative / id. résolutif. } 9e leçon. 47-49-51 — accents :
- consonnant-intonatif- { *soutenu. / suspensif. / médiant.*
- consonnant-intonatif-*suspensif.*
- consonnant-intonatif-*résolutif.*

Diction analytique (9e leçon. 67-72-79-81).
— Inflexion *résolutive* / id. appellative } 9e leçon. 47-49-51 — accents :
- consonnant-intonatif-*résolutif.*
- consonnant-intonatif- { *médiant. / soutenu. / suspensif.*

Diction au recto-tono (9e leçon. 67-72-80-81. | Inflexion *appellative*. | (9e leçon. 47-49-51).— Accents). | consonnant-intonatif-*soutenu.*

Nota : Les italiques indiquent surtout *l'inflexion de voix* plus spéciale à chaque diction ou *l'accent* caractérisant surtout cette inflexion. — L'inflexion nommée la première dans chaque diction est celle qui sans caractériser spécialement cette diction s'y trouve le plus employée

APPENDICE.

QUELQUES MOTS

SUR LES ÉLÉMENTS DE L'ACTION

ET SUR

LES ÉLÉMENTS DE L'ART ORAL.

(Voir le tableau de ces éléments , 9ᵉ leçon nᵒ 11-39).

SOMMAIRE.

1. Définition de la voix. — 2. Acception vulgaire et usuelle de l'expression *voix*. — 3. Bruit vocal et son vocal. — 4. Instrument vocal. — 5. Mécanisme vocal. — 6. Caractères distinctifs du son vocal. — 7 Dénomination de pensée. — 8. Définition de la physionomie. — 9. Mobilité de la physionomie. — 10. Conditions de bonté de la physionomie. — 11. Définition du geste. — 12. Condition de bonté du geste. — 13. Définition de la mélodie naturelle. — 14. Conditions de bonté de la mélodie naturelle. — 15. Définition de l'accentuation instinctive. — 16. Définition du phraser naturel. — 17. Conditions de bonté du phraser naturel. — 18. Influence de l'éducation sur l'action. — 19. Influence du tempérament sur l'action. — 20. Influence du caractère sur l'action. — 21. Des sentiments. — 22. Influence des bons sentiments sur l'action. — 23. Influence du goût sur l'action. — 24. Effets des sensations sur l'action. — 25. Influence des passions sur l'action. — 26. Influence de la position sociale sur l'action. — 27. Influence de l'âge sur l'action. — 28. Effets des habitudes sur l'action. — 29. Influence du temps et du lieu sur l'action. — 30. Influence de l'auditoire sur l'action. — 31. Influence des circonstances sur l'action. — 32. Effet de l'attention sur l'action. — 33. Particularités du sens de l'ouïe. — 34. Nécessité de la vue pour que l'action soit complète. — 35. De l'intelligence et du jugement. — 36. De la mémoire. — 37. De la richesse de la voix. — 38. De la puissance du geste et de la physionomie — 39. Définition de la musique parlée. — 40. Accentuation raisonnée. — 41. De la phraséologie grammaticale. — 42. De l'exactitude de la prononciation. — 43. De la science du mécanisme vocal. — 44. De la science du monde. — 45. Précautions orales. — 46. Le sentiment dans l'art oral. — 47. Du goût. — 48. De l'attention. — 49. De la sensibilité de l'oreille. — 50. De la vue. — 51. De l'intelligence et du jugement. — 52. De la mémoire.

Les éléments de l'action.

1. La *voix* est la faculté de produire divers bruits et divers sons particuliers, en mettant en vibration , par un jeu spécial des organes respiratoires , l'air contenu dans les poumons.

Définition de la voix.

<table>
<tr><td width="30%">

Acception vulgaire et usuelle de l'expression *voix*.

</td><td>

2. Bien que *la voix* ne soit réellement que *la faculté* de produire certains sons ou bruits — dans le langage vulgaire et usuel on entend , par voix , l'ensemble des sons produits en vertu de cette faculté , et l'on dit une belle voix pour dire *de beaux sons* quelquefois même on emploie l'expression *voix* pour désigner un son particulier , ainsi l'on dira : l'intonation de la voix pour *l'intonation du son.*

</td></tr>
<tr><td>

Bruit vocal et son vocal.

</td><td>

3. Nous nommerons *bruit vocal* et *son vocal* tout bruit et tout son produits par les organes respiratoires *en vertu de la voix* , je dis en vertu de la voix , parce que le bruit que fait la respiration ou le ronflement est bien produit par les organes respiratoires , mais n'est pas un bruit vocal ; car il n'est pas du domaine de la voix.

</td></tr>
<tr><td>

Instrument vocal.

</td><td>

4. Nous nommerons *instrument vocal* l'ensemble des organes respiratoires intérieurs dont les parois entrent en vibration dans la production du son vocal : Ainsi l'instrument vocal se composera des poumons et bronches , de la trachée artère , du larynx , du pharynx , des fosses nasales et des diverses parties de la bouche.

</td></tr>
<tr><td>

Mécanisme vocal.

</td><td>

5. Le *mécanisme vocal* est *le rapport* et *le jeu* des différentes parties de l'instrument vocal , rapport et jeu dont l'effet est la production du son vocal.

</td></tr>
<tr><td>

Caractères distinctifs du son vocal.

</td><td>

6. Les *caractères distinctifs* du son vocal sont au nombre de quatre :
1° Le timbre;
2° L'intonation;
3° L'intensité;
4° L'accent (10° leçon , n°° 1-2-3 , etc.).
— Le *timbre* constitue la *qualité du son* ; — *l'intonation* en détermine le *degré d'acuité ou de gravité*, et, — *l'intensité* en donne le *degré de force.*
— Quant à l'*accent*, c'est ce je ne sais quoi qui dispose à son gré du timbre , de l'intonation et de l'intensité du son pour le modifier de façon à révéler la pensée et les sensations.

</td></tr>
<tr><td>

Dénomination de pensée.

</td><td>

7. Afin d'abréger , nous entendrons par la dénomination générique de *pensée* , la pensée proprement dite, les sentiments , les passions , les sensations , en un mot tout ce que transmet l'action de la parole.

</td></tr>
<tr><td>

Définition de la physionomie.

</td><td>

8. Nous entendrons par *physionomie* le rapport de mouvement , ou de position fixe après mouvement , des différentes parties du visage , lorsque ce rapport indique une pensée. Tout rapport de mouvement ou de position fixe qui n'indique pas une pensée est une grimace , et non de la physionomie.

</td></tr>
<tr><td>

Mobilité de la physionomie.

</td><td>

9. On entend par *mobilité de la physionomie* , la mobilité des muscles qui la produisent.

</td></tr>
</table>

10. La physionomie, pour être bonne, doit être *vraie*, c'est-à-dire en rapport avec le geste et la voix, qui, avec elle, expriment la pensée. — La physionomie est toujours vraie, lorsque l'on est pénétré de ce que l'on veut lui faire exprimer, et que l'on n'a pas de difformité ni de tic nerveux; mais, elle est plus ou moins *puissante*, selon la construction particulière du visage et l'habitude que l'on a contractée d'en bien faire jouer les muscles. *(Conditions de bonté de la physionomie.)*

11. Le *geste* est un mouvement particulier, ou une position fixe particulière, après mouvement, du bras, de la main, d'un doigt, de la tête, des épaules et quelquefois du torse. Mais pour que ce mouvement ou cette position fixe prennent le nom de geste, il faut qu'ils indiquent une pensée, sans quoi, ce ne serait qu'un mouvement ou qu'une pose. *(Définition du geste.)*

12. Pour être bon, le geste doit être *vrai*, c'est-à-dire en rapport avec la physionomie et la voix, qui, avec lui, doivent exprimer la pensée; il doit encore être agréable, c'est-à-dire facile, gracieux et élégant. Il sera vrai, si l'on est pénétré de la pensée qu'il exprime, et si l'on n'a pas contracté quelque mauvaise habitude; il sera agréable, si l'on n'a pas de difformité et si l'on a assoupli ses membres par des exercices gymnastiques. *(Conditions de bonté du geste.)*

13. La *mélodie naturelle* est le mode instinctif suivant lequel les intonations de la voix se succèdent pour indiquer la nature de la pensée. *(Définition de la mélodie naturelle.)*

14. La mélodie naturelle est toujours bonne, c'est-à-dire *vraie* et *harmonieuse*, lorsque les organes de la voix et de l'ouïe ne sont pas défectueux ou faussés par de mauvaises habitudes. *(Conditions de bonté de la mélodie naturelle.)*

15. L'*accentuation* instinctive est le choix instinctif, le mode de disposition et l'exécution, instinctives, des divers accents que suscite la nature (9ᵉ leçon, n° 61) (10ᵉ leçon, n° 1-2-3), pour les conditions de bonté, voir 10ᵉ leçon, n° 23. *(Définition de l'accentuation instinctive.)*

16. Le PHRASER naturel est l'action instinctive de grouper ou d'isoler les paroles suivant l'acception qu'on leur donne, suivant le degré de puissance qu'elles doivent avoir dans le discours, et suivant la nécessité où l'on est de s'exprimer avec plus ou moins de clarté. *(Définition du phraser naturel.)*

17. Pour que le phraser naturel soit bon, il faut s'écouter avec attention, être bien pénétré de ce que l'on dit, et connaître bien la langue que l'on parle, ainsi que les règles de la grammaire; sans quoi, on est exposé à produire l'effet contraire à celui que l'on cherche. *(Conditions de bonté du phraser naturel.)*

18. L'*éducation* a une bien grande influence sur l'action de la parole. L'homme bien élevé observe, en parlant, l'effet de ses paroles sur la physionomie de ses auditeurs, et continue ou modifie son action en conséquence; comme il sait écouter et les autres et lui-même, il sait diriger le jeu de son mécanisme vocal; la bienséance ne lui permettant jamais de crier, il n'a pas *(Influence de l'éducation sur l'action.)*

usé sa voix avant l'âge, comme ceux qui en ont abusé ; cet homme, connaissant les règles du bon ton et de l'étiquette, se sera habitué à bien tenir son corps, à faire des gestes modérés et convenables, et à donner de la distinction à sa physionomie : il apportera donc, sans effort, dans l'improvisation, toutes ces *bonnes habitudes*, devenues une *seconde nature*.

L'homme qui n'a rien appris, au contraire, parle pendant que vous parlez, ne vous regarde jamais, et s'inquiète peu de l'effet de ses paroles ; il ne vous écoute ni ne s'écoute lui-même ; il crie à tue-tête, sans s'en apercevoir et n'est pas choqué des sons discordants que fait entendre un organe fêlé et cassé par la fatigue ; il fait aller ses bras.. il piétine... il remue la tête.. il roule les yeux pour leur donner de l'expression ; ne tient compte ni de ce qu'il dit, ni du lieu où il le dit, ni des personnes qui l'écoutent ; et s'il ne tombe dans tous ces travers, il est paralysé, a l'air d'une statue, et ne peut rien exprimer ; en un mot, l'homme sans éducation parle avec un naturel inculte ou perverti.

19. Le *tempérament* a une grande action sur la manière de sentir et de penser, et, par conséquent, modifie beaucoup l'accentuation instinctive : un homme lymphatique ne sent pas, ne pense pas et ne parle pas comme celui qui est nerveux et sanguin.

Le tempérament agit encore sur la constitution des organes de la voix et, surtout, sur les modifications passagères que subissent ces organes ; ainsi une migraine suffit pour amoindrir et détimbrer la voix la plus puissante et la plus métallique ; les personnes sujettes à s'enrhumer ont beaucoup de difficultés pour développer leur voix par la parole, et risquent même, quelquefois, d'en altérer la beauté.

20. Le *caractère* a comme l'éducation et le tempérament une grande influence sur l'action. Telle personne, naturellement brusque et emportée, a beaucoup de peine à rendre les sentiments doux, et telle autre, molle et indifférente, ne saura jamais exprimer l'énergie et la puissance.

21. Tout *sentiment*, bon ou mauvais, est l'union de la sensibilité physique et de certaines dispositions de l'âme. Si cette sensibilité est très-grande et que l'âme soit noble, les sentiments seront très-élevés ; si, au contraire, avec de la sensibilité, l'âme est mauvaise ou dépravée, les sentiments seront criminels ou bas.

Quand nous disons : *le sentiment*, nous entendons parler de cette alliance heureuse d'une grande sensibilité et de l'élévation de l'âme qui nous fait juger et partager les plaisirs et les peines d'autrui.

22. L'homme qui a l'âme pleine de sentiments élevés parle avec conviction, avec puissance, avec autorité « *il a la vertu pour s'inspirer* » a dit Mirabeau d'un de ses adversaires ; celui, au contraire, qui sent dans son cœur des sentiments pervers, n'aura jamais cette force magnétique qui entraîne un auditoire en le faisant voir, sentir et penser comme vous. Tout l'art du monde ne remplacera pas la bonté de celui qui parle. *Vir bonus dicendi peritus*, ont dit les anciens. Pour être écouté avec bienveillance, et pour convaincre, il faut être bon avant d'être habile; car si votre bonté n'est pas reconnue, votre habileté inspirera de la méfiance, et le masque que vous pourrez prendre ne vous dérobera jamais à tous les regards. Le mensonge se trahit toujours.

Suite du n° 22.

23. Le *goût*, qui est la sensibilité de l'esprit comme le sentiment est celle du cœur, est très-nécessaire dans l'action. A défaut de goût on emploiera à tort et à travers toutes les richesses de la voix, de la physionomie et du geste. Tout le sentiment que l'on possède sera consumé mal à propos, et l'on aura beaucoup parlé pour ne rien dire, ou pour qu'il paraisse en être ainsi.

Influence du goût sur l'action.

24. Les *sensations* physiques, comme les *impressions* morales, produisent un grand effet sur l'action de la parole. Celui qui parlera sous la torture d'une douleur physique, parlera tout autrement que dans l'état normal, quoique cependant il puisse encore quelquefois, par la force de son âme, dompter la douleur; mais il surmontera plus difficilement une impression morale inattendue. En effet, pendant qu'un homme parle avec chaleur, avec entraînement, qu'un nouvel auditeur arrive, qu'un meuble tombe, qu'un bruit quelconque se produise au dehors; en un mot, que l'auditoire soit distrait de l'attention qu'il lui prêtait, et l'homme qui éprouvait vivement tout ce qu'il communiquait aux autres, sentira de la glace sur sa tête, se trouvera subitement embarrassé, et ne pourra peut-être plus se remettre. La timidité qui paralyse une foule d'orateurs, n'est pas autre chose que le résultat de certaines impressions.

Effet des sensations sur l'action.

25. Rien ne modifie l'action comme les *passions*. L'homme en colère, par exemple, n'articule plus, sa voix devient sourde et enrouée, ou bien il parlera avec une impétuosité qui ne permet pas qu'on le suive; s'il ne fait pas peur, il fera rire, alors qu'il voulait convaincre et persuader.

Influence des passions sur l'action

26. Tel qui, pauvre hier, aurait parlé d'une certaine façon, riche demain, parlera tout autrement et pour le fond et pour la forme; l'ouvrier en blouse lui-même n'a pas le même ton que lorsqu'il porte son habit de fête. Il ne faut que voir la société pour s'assurer combien la *position sociale* influe sur l'action de la parole.

Influence de la position sociale sur l'action.

27. En même temps que notre manière de voir, notre tempérament, notre caractère, nos habitudes, nos goûts, tout en un mot se modifie par l'*âge*, l'action de la parole reçoit le contre-coup de toutes ces modifications.

Influence de l'âge sur l'action.

28. L'*habitude* est une seconde nature. — Ce vieux proverbe dit assez que les habitudes doivent donner des qualités favorables à l'action de la parole et des défauts qui lui sont contraires.

Effet des habitudes sur l'action.

Influence du temps et du lieu sur l'action.

29. Le *temps* et le *lieu* agissant sur le sentiment , sur l'imagination , sur la manière de voir, et par conséquent sur la composition de la parole pèsent aussi sur son action.

Influence de l'auditoire sur l'action.

30. L'*auditoire* fait presque autant pour l'action de la parole que celui qui la produit lui-même ; parlez à quelqu'un qui vous écoute avec intelligence et bienveillance , vous êtes entraînés , vous avez de l'éloquence ; que votre auditeur , au contraire , ait une physionomie froide , sévère , malveillante ou distraite , vous ne trouverez plus une parole , vous balbutierez.

Influence des circonstances sur l'action.

31. Toutes les *circonstances* qui causent des impressions ou qui font prendre des déterminations soudaines , influencent beaucoup et changent même quelquefois l'action de la parole.

Effet de l'attention sur l'action.

32. On doit s'écouter parler , et observer l'effet que produit la parole ; sans quoi l'on perdra le fil de ses idées , on fera de l'action à contre-sens et l'on produira un effet tout contraire à celui que l'on cherche , et qu'un peu d'*attention* eût fait obtenir.

Particularités du sens de l'ouïe.

33. Lorsque quelque chose choque notre vue , nous fermons les yeux , nous détournons la tête , et nous nous dérobons ainsi à des aspects qui nous déplaisent , ou nous font mal. Mais nous ne pouvons empêcher nos oreilles d'entendre tous les bruits ou sons qui se produisent autour d'elles ; il ne nous appartient pas de faire que les vibrations du son ne se communiquent pas aux organes de l'ouïe , et par suite , n'impressionnent le cerveau. Aussi , la nature qui ne fait rien à demi , nous a donné la possibilité de nous distraire des sensations de l'ouïe , au point que nous pouvons quelquefois ne pas prendre garde à ces sensations. Or, voici ce qui arrive souvent : certaines personnes ayant contracté l'habitude de n'écouter jamais avec attention , c'est-à-dire de ne jamais juger les bruits et les sons divers qui impressionnent le sens de l'ouïe , l'oreille de ces personnes deviendra dure ou fausse , et rien n'offrira un plus grand obstacle à l'action ; — les sourds de naissance ne parlent pas ; les sourds accidentels crient beaucoup , parce qu'ils croient qu'on ne les entend pas assez , ou bien ils parlent bas pour faire croire qu'ils ne sont pas sourds ; et ils parlent beaucoup plus bas qu'ils ne croient. Quant aux personnes qui ont l'oreille fausse , elles font entendre des sons tout différents de ceux que l'instinct leur suggère , parce que leur voix mal dirigée les produit au hazard.

Nécessité de la vue pour que l'action soit complète.

34. Un aveugle qui ne voit pas son auditeur a une physionomie presque nulle , des gestes incertains , et sa parole se ressent de son état. La *vue* est donc un des agents de l'action ; car, il faut voir de quel côté nous devons envoyer la voix , faire le geste , et à qui nous devons adresser la physionomie.

De l'intelligence et du jugement.

35. Il nous paraît inutile d'insister pour faire comprendre que l'*intelligence* et le *jugement* sont aussi nécessaires pour régler l'action de la parole que pour en inspirer la composition.

36. Avec une intelligence bornée et un jugement faible, on peut encore parler avec un peu d'action ; l'instinct servant de guide dans certain cas ; mais sans *mémoire* on ne pourra pas plus exprimer la suite des idées, qu'il ne sera possible de les lier entre elles par la pensée.

De la mémoire.

Les éléments de l'art oral.

(Voir l'énumération de ces éléments à la 9ᵉ leçon, n° 39.)

37. De même que le corps acquiert de la force et de la souplesse par les exercices gymnastiques, de même c'est par une *gymnastique* particulière des organes vocaux que la *richesse de la voix* (9ᵉ leçon, n° 26) s'acquiert et se développe ; mais pour que cette *gymnastique*, c'est-à-dire ces exercices pratiques de la voix, soient faits avec succès et sans crainte d'accident qui pourrait la détruire, il faut posséder la science du mécanisme vocal dont nous parlons plus bas et en faire des applications pratiques. (Voir n° 43.)

De la richesse de la voix.

38. La *puissance de la physionomie et du geste* (9ᵉ leçon, n° 27) consiste dans leur vérité et leur flexibilité ; quelques études qui font l'objet d'une de mes leçons, mettront à même de rectifier tout ce que ces matériaux de l'action peuvent avoir de défectueux et enseigneront à développer leurs qualités naturelles.

De la puissance du geste et de la physionomie.

39. La *musique parlée* (9ᵉ leçon, n° 28) est l'art d'imiter la mélodie naturelle, (13-14) c'est-à-dire de mettre dans le vrai rapport avec la pensée les intonations diverses que peut fournir la voix.

Définition de la musique parlée.

40. Pour l'*accentuation* raisonnée. (Voir 10ᵉ leçon, n°ˢ 19-24.)

Accentuation raisonnée.

41. La *phraséologie grammaticale* (9ᵉ leçon n° 28) est l'art de phraser, c'est-à-dire de grouper ou d'isoler les paroles suivant leur sens grammatical et la valeur qu'elles ont dans la phrase par rapport à la pensée.

De la phraséologie grammaticale.

42. L'*exactitude de la prononciation* (9ᵉ leçon, n° 29) consiste dans l'émission nette et correcte des sons de la langue que l'on parle. Son étude et les corollaires qui découlent font l'objet de deux leçons spéciales.

De l'exactitude de la prononciation.

43. La *science du mécanisme vocal* (n° 5 et 9ᵉ leçon, n° 30-31) consiste dans la connaissance de la physiologie de la voix, et des lois de l'acoustique qui expliquent les effets du jeu de ce mécanisme. Cette connaissance est donnée dans la 6ᵉ leçon.

De la science du mécanisme vocal.

44. Ce que j'ai appelé la *science du monde* (9e leçon, n° 32) est la science de toutes choses, que chacun possède plus ou moins, mais qu'il faut étendre autant que possible ; car, la parole étant la manifestation de la pensée , il faut , pour l'exprimer par l'action , dans toutes les circonstances données , savoir tout ce que peut embrasser cette pensée.

45. Nous appelons *précautions orales* (9e leçon, n° 33) l'habileté particulière qui fait tenir compte à l'artiste du temps , du lieu , de l'auditoire, des circonstances fortuites ; etc., etc. Cette habileté est indispensable; ainsi , un bon artiste oral doit savoir régler et porportionner sa voix , sa physionomie et ses gestes suivant le local , le nombre et la nature de ses auditeurs. Il doit savoir parler sans s'enrouer , même lorsqu'il est enrhumé; il doit savoir dissimuler ses souffrances morales ou physiques et paraître toujours tout entier à son sujet, etc., etc.

46. Dans l'art oral, comme dans tous les arts, *le sentiment* n'est autre chose que l'impressionabilité de l'artiste et sa disposition à s'enthousiasmer pour le bien , pour le beau , pour le vrai.

C'est le sentiment artistique , qui , en exaltant l'imagination , fait les hommes de génie.

Ce sentiment qui ne peut prendre sa source que dans le sentiment vrai (n° 24.) est un don de nature, que tout le monde possède plus ou moins, mais qui peut se développer beaucoup par l'éducation , par l'étude des arts, et principalement de ceux de la parole et du chant; les sons affectent facilement l'organisme, exaltent l'esprit et impressionnent le cœur.

On peut , avec beaucoup d'étude , imiter le sentiment vrai ; mais , si on ne l'éprouve pas un peu , on ne pourra le communiquer à l'auditoire ; comme , si on l'éprouve trop , on en paralysera l'expression. Il faut, pour impressionner facilement son auditoire, être bien pénétré de la nature du sentiment qu'on veut rendre , être capable de l'éprouver au besoin, mais ne pas trop le ressentir lorsqu'on commence à parler ; sans quoi , l'on ne prendra pas les précautions nécessaires pour arriver, d'abord, à l'esprit de l'auditeur , et, sa préoccupation, pour tâcher de vous comprendre, l'empêchera de s'identifier avec votre sentiment vrai et naturel, que vous aurez usé sans besoin puisqu'il ne peut encore être placé utilement ; et, lorsque l'auditeur se sera mis sur votre terrain , alors , après vous être débattu dans le vide , vous vous serez refroidi et ne trouverez plus de corde sensible à faire vibrer. Au contraire , si vous commencez en modérant votre sentiment , ou sans en éprouver même , vous vous posséderez , vous jetterez vos paroles de façon à éveiller immédiatement l'attention de l'auditeur; vous préparerez lentement , avec soin , par votre physionomie , le sentiment que vous voulez faire naître et auquel vous vous disposez peu à peu ; et, si votre voix se fait entendre dans un ton musical convenable , en même temps que vos accents remueront le cœur de l'auditeur, ils agiront sur votre sensibilité nerveuse et vous ressentirez, en partie, l'effet que vous voulez produire dans votre auditoire ; ainsi , devenant vous-même votre principal auditeur , vous donnerez aux autres l'élan de la sensibilité , et l'identification sera complète. S. du n° 46.

47. Si *le goût* (n° 22) est utile à l'homme qui parle naturellement , sous le coup de ses propres impressions , il est encore plus essentiel à *l'artiste* qui imite. Le goût est , comme le sentiment , un don de nature , mais il se développe encore plus facilement que ce dernier par la pratique de ce qui est bien , par l'étude du beau en tout genre , et par le contact des artistes de talent. Le goût.

48. *L'attention* (n° 31) est encore plus indispensable à celui qui imite l'improvisation qu'à celui qui improvise; car, n'étant guidé le plus souvent que par l'intelligence et la volonté , et non par la spontanéité de ses impressions, l'artiste oral doit toujours se voir, s'entendre et se diriger , lors même qu'il s'abandonne le plus à son inspiration. D'ailleurs l'étude de l'art oral étant l'étude constante de tout ce qui est, l'artiste oral doit être une personnification de l'attention. L'attention.

49. Avec l'oreille dure ou fausse , on ne pourra juger aucun son, et, tous les détails de l'action étant exprimés le plus souvent par les sons , on ne saura jamais au juste si l'on fait bien. L'artiste oral devra donc travailler à acquérir la *délicatesse de l'oreille* ; et , pour cela, il s'habituera à s'écouter toujours avec soin, à analyser les sensations de l'ouïe, dont il devra connaître la physiologie, pour faire cette analyse avec fruit ; enfin , pour exercer régulièrement son oreille , il cultivera la musique. La sensibilité de l'oreille.

50. Si *la vue* (n° 33) est utile à celui qui parle , elle est nécessaire à l'artiste oral , afin de pouvoir juger des gestes et de la physionomie, afin de connaître les positions de la bouche pour la prononciation des divers sons de la langue. La vue.

51. L'instinct peut guider quelquefois celui qui parle d'abondance , mais *l'intelligence* et le jugement sont ce qu'il y a de plus indispensable dans l'art oral. De l'intelligence et du jugement.

52. Sans mémoire (n° 36) on ne peut rien faire de suivi, aussi l'artiste oral a-t-il besoin de l'avoir bonne et sûre. La crainte de manquer de mémoire rend pusillanimes et faibles la plupart de ceux qui récitent leurs discours. Les hésitations qu'ils font paraître désillusionnent à chaque instant l'auditeur et étouffent les sentiments qui commençaient à entrer dans son âme. De la mémoire.
Pour développer la mémoire et la rendre solide , voici comment on doit procéder quand on apprend. Avant de se préoccuper de la mémoire des paroles il faut se pénétrer de l'ensemble du sujet, retenir la division et la liaison des idées qu'il contient , ensuite on fera le travail mécanique pour apprendre les paroles , mais en pensant toujours à l'idée qu'elles expriment , afin que cette idée retenue , les paroles en découlent nécessairement. On fera ce travail tantôt mentalement, tantôt à haute voix, (9ᵉ leçon, n°ˢ 110

111-112-113) et l'on n'apprendra d'abord qu'un alinéa , puis un second qu'on liera avec le premier , puis un troisième que l'on reliera avec les deux précédents, et ainsi de suite. C'est toujours le commencement qui est le plus difficile, on ne saurait trop le soigner. — Il faut faire comme le maçon , bien asseoir les fondements , les établir largement avec de bons matériaux, et bâtir sur eux assise par assise, car il faut qu'un mur soit bien relié pour qu'il tienne.

Il faut avoir bien soin d'apprendre textuellement pour que, si la mémoire vient à manquer, on puisse momentanément improviser en s'appuyant sur des points de rappel assez nombreux , assez forts pour vous retenir dans le sujet et vous faire retrouver facilement le fil.

Pour tout dire , il faut être capable de réciter rigoureusement à la lettre, et de pouvoir au besoin rendre toutes les idées du sujet par un discours improvisé tout autre que celui que l'on a appris. Dans tous les cas, il ne faut jamais penser trop à ce que l'on va dire , les paroles viendront d'elles-mêmes si le travail de mémoire a été bien fait.

FIN.